Stephanie Grace Whitson

Im Herzen der Prärie

Roman

Stephanie Grace Whitson

Im Herzen der Prärie

Roman

Schulte & Gerth

Die amerikanische Originalausgabe erschien im Verlag
Thomas Nelson, Inc., Nashville, Tennessee
unter dem Titel „Edge of the Wilderness“.

Aus dem Amerikanischen übersetzt von Karoline Kuhn.

Best.-Nr. 815 879
ISBN 3-89437-879-4
1. Auflage 2003
Umschlaggestaltung: Douponce Designworks/Ursula Stephan
Satz: Die Feder GmbH, Wetzlar
Druck und Verarbeitung: Schönbach-Druck, Erzhausen
Printed in Germany

Für Robert Thomas Whitson
1946–2001
Mein Einziger

„Seht, so ist mein Liebster
und so mein Freund!"
(Hoheslied 5,16)

Vorwort

Manchmal spiegelt ein Roman die Realität wider.

Ich habe das erste Buch dieser Serie, *Wie ein leuchtender Stern*, geschrieben, während mein Mann und ich durch unser eigenes Tal des Todes gingen. Er hatte Krebs und musste sich einer Knochenmarktransplantation unterziehen. Als diese erfolglos blieb, mussten mein Liebster und ich gemeinsam dem Tod ins Auge sehen. Und nun sind wir für ein paar Jahre voneinander getrennt. Bob ist im Himmel, während ich lerne, als allein erziehende Mutter, Witwe und vollzeitliche Autorin zu leben.

Die Tatsache, dass ich in der Lage war, im letzten Jahr zwei Bücher zu schreiben, hat wenig mit meinem Talent und alles mit der Treue Gottes zu tun, der in unserer Schwäche stark ist und der uns so liebt, dass er Szenarien erschafft, durch die wir lernen, uns ganz auf ihn zu verlassen. Daher erkenne ich die ewige Güte unseres Vaters an und die Richtigkeit von allem, was er tut und zulässt ...

Noch gibt es keine Feigen oder Trauben,
noch kann man keine Oliven ernten,
noch wächst kein Korn auf unseren Feldern,
und die Schafhürden und Viehställe stehen leer –
und doch kann ich jubeln, weil Gott mir hilft;
was er zugesagt hat, erfüllt mich mit Freude.
Der Herr macht mich stark, auf ihn ist Verlass!
(Habakuk 3,17–18)

Prolog

Meine Seele ist des Lebens müde.
Hiob 10,1

Mankato, Minnesota, Februar 1863

Er hatte dem Winterwind den Rücken zugewandt und sich tief über den Hals seines Ponys gebeugt, im Vertrauen darauf, dass das Tier ihn durch den Schneesturm nach Hause bringen würde. Er hatte schon in Schneehöhlen über vereisten Flüssen übernachtet. Doch noch nie in seinen 21 Wintern hatte Daniel Leuchtender Stern eine solche Kälte verspürt. Sie kroch durch seine Decke, schmerzte auf der Haut und machte ihn steif wie einen alten Mann. Das einzig Gute war, dass die Kälte sogar seine Gedanken betäubte. Die Anstrengung, am Leben zu bleiben, hielt ihn davon ab, in der Vergangenheit zu leben und bittere Erinnerungen wachzurufen.

*

Der Mann, der sich an ihn lehnte, war in jeder Hinsicht der stärkste Mensch, den Daniel kannte. Doch seit dem Beginn des neuen Jahres, das die Weißen 1863 nannten, hatte selbst Robert Lawrence, früher bekannt als der gnadenlose Krieger Kleiner Büffel, es aufgegeben, die anderen Gefangenen zu ermutigen. Er war so geworden wie die anderen, die sich um ihre kleinen Feuerchen scharten, bis das Brennmaterial ausging, und dann zitternd die Abende und Nächte durchlitten. Die einzige kurze Erleichterung kam in Form des Essens – ungezieferverseuchtes Brot und Wurst aus halb verwestem Fleisch, das den Soldaten nicht mehr zuzumuten war. Die halb verhungerten Dakota stopften sich den Fraß trotzdem gierig in den Mund und hofften, dass sie ihn bei sich behalten konnten.

Sie befanden sich in Gefangenschaft, weil ein halbes Dutzend ihrer Stammesbrüder vor einem halben Jahr einen Krieg angefangen hatten. Niemand wusste genau, wie viele Menschen dabei ums Leben gekommen waren, doch jeder wollte die Indianer aus Minnesota vertreiben. Oder am besten tot sehen.

Daniel Leuchtender Stern gehörte zu den Indianern, die sich geweigert hatten, sich an den Kampfeshandlungen zu beteiligen. Er war vor kurzem zum christlichen Glauben übergetreten und hatte seine Freunde so gut beschützt, wie es ihm nur möglich gewesen war. Tatsächlich hatte er das Schlimmste abwenden können. Doch dann hatte er den Fehler gemacht, der Armee zu vertrauen. Er hatte die Frau, die er liebte, und ihre Schützlinge in Fort Ridgely zurückgelassen und sich auf den Weg nach Norden gemacht, wo er als Übersetzer für seine Stammesbrüder fungieren sollte, die kein Englisch sprachen. Was er nicht gewusst hatte, war, dass die Armee des Weißen Vaters in Washington den Begriff Gerechtigkeit neu definiert hatte. Man hatte beschlossen, dass jeder Indianer grundsätzlich schuldig war, so lange niemand das Gegenteil bewies.

Dank des persönlichen Einsatzes von Miss Jane Williams war Daniels Unschuld anerkannt worden. Er blieb jedoch trotzdem im Lager, um seinen Freunden zu helfen. Doch dann fuhren die Missionare und Miss Jane wieder zurück und Daniel Leuchtender Stern wurde mit einem anderen Indianer namens Fallender Stern verwechselt. Aufgrund von Augenzeugenberichten über Fallender Sterns Übeltaten wurde Daniel mit den anderen eingesperrt. Anfangs versuchte er die Sache richtig zu stellen: „Ich kenne Fallender Stern; ich habe ihn mit Kleine Krähe und den anderen wegreiten sehen.“ Doch irgendwann gab er es auf, nachdem ein Soldat namens Brady Jensen ihm mit dem Griff seines Gewehrs beinahe den Unterkiefer gebrochen hatte.

Nach Abschluss der Verhandlungen waren die Dakota in zwei Gruppen geteilt worden. Hunderte von Frauen, Kindern und Alten wurden flussaufwärts nach Fort Snelling gebracht. Obwohl sie sich keines Verbrechens schuldig gemacht hatten, mussten sie in Gewahrsam bleiben, bis die Mächtigen beschlossen hatten, was mit ihnen zu tun war. Dreihundert „schuldig gesprochene“ Männer wurden wie Vieh durch die Straßen von New Ulm getrieben, eine Stadt, die Kleine Krähe mit seinen Leuten zweimal angegriffen hatte. Die Einwohner schäumten vor Wut und Rachedurst. Daniel hielt die Augen gesenkt und versuchte nicht hinzuhören, als sie schrien: „Tötet sie! Wilde! Mörder!“ Er wurde beinahe bewusstlos, als eine Frau ihm einen Ziegelstein an den Kopf warf.

Doch so hoffnungslos die Lage auch war, Daniel fand trotzdem Grund zu Hoffnung: Der Mann, der ihm nach dem Ziegelsteinwurf aufhalf, war niemand anderer als Robert Lawrence - Robert, der gleich zu Anfang des Aufstandes verletzt worden war und den Daniel aus einem brennenden Haus gerettet hatte. Daniel hatte sich schon gefragt, ob er den Bauchschuss überlebt hatte. Robert war ein wahrer Christ und ein anerkannter Mann unter den friedlichen Dakota. Ihr unerwartetes Zusammentreffen fachte die Hoffnungen beider Männer neu an.

Als sie schließlich in Mankato ankamen und in ein hastig errichtetes Straflager im Westen der Stadt gezwängt wurden, beteten sie gemeinsam um Rettung. 301 andere Männer waren vom Militärgericht mit ihnen zusammen zum Tode verurteilt worden. Doch der Weiße Vater in Washington ließ Gnade walten. Er verschob die Exekution und verlangte eindeutige Beweise für die Schuld eines jeden Verurteilten. Den ganzen Herbst warteten und hofften Daniel, Robert und die anderen, während Präsident Lincoln ihre Fälle beurteilte. Als er fertig war, war die Zahl der Hinzurichtenden auf 40 geschrumpft. Daniel und Robert beteten um Geduld und hofften, dass die Missionare wiederkommen und für sie sprechen würden.

Am 4. Dezember 1862, vier Monate nach dem Aufstand, drohte ein Mob aus Mankato das Camp zu überrennen und Selbstjustiz zu üben. Deshalb wurden die Gefangenen zur Sicherheit in ein stillgelegtes Fabrikgebäude in der Stadt verlegt. Das Gebäude war so niedrig, dass sie nicht einmal aufrecht stehen konnten. Krank vom Gestank ihrer eigenen ungewaschenen Körper, dem verfaulten Essen und den übelsten Krankheiten begannen die Männer den Mut zu verlieren.

In der Woche vor Weihnachten sprachen Daniel und Robert wenig. Ein Galgen wurde in Sichtweite des Gefängnisses errichtet. Die zum Tode Verurteilten wurden zu Missionaren verschiedenster Denominationen gebracht und Daniel hörte, dass alle bis auf zwei sich taufen ließen.

„Also, was mich angeht", sagte Brady Jensen dazu, „werde ich zum Mörder werden, wenn ich einen von den roten Hunden im Himmel erwischen sollte!"

Am Tag der Hinrichtungen standen Daniel und Robert nebeneinander und starrten durch eine Lücke in der Bretterwand auf den Galgen. Als die Trommeln erklangen und die Falltüren das erste Mal aufklappten, sah Daniel weg. Im Gefängnis war es totenstill.

Schließlich krächzte Daniel: „Meinst du, dass sie Jesus wirklich angenommen haben? Oder haben sie nur zugegeben, dass der Gott der Weißen stärker ist als ihrer?"

Robert schüttelte seufzend den Kopf und sah seinen jüngeren Freund an. „Das werden wir erst im Himmel erfahren."

Sie hatten eine Stellung gefunden, die es ihnen ermöglichte, trotz der Fußketten, mit denen sie aneinander gefesselt waren, einigermaßen entspannt an die Wand gelehnt zu sitzen. Daniel fragte: „Jetzt, wo sie ihre Rache hatten - ob sie da wohl den Rest von uns gehen lassen?"

Robert grunzte. „Darum können wir nur beten, Freund."

Daniel musste die Augen schließen, weil ihm die Tränen kamen. Robert begann zu zweifeln und ihm ging es nicht besser. Er hatte Angst, dass sie nie mehr in Freiheit leben würden.

*

Er war nicht bereit. Sie kam auf ihn zu und er geriet beinahe in Panik. Sie sollte nicht hier sein; nicht jetzt. Er sah an sich hinunter. Er war völlig verschmutzt. Sein Haar war eine ver-

filzte Matte. Er konnte sich nicht erinnern, in den letzten Monaten auch nur in der Nähe von genug Wasser gewesen zu sein, um sich zu waschen. Kurzum, er sah schrecklich aus. Und er roch noch schlimmer. Er musste hier weg. So sollte sie ihn nicht sehen!

Wie hatte sie ihn gefunden? Und dieses weiße Kleid, das sie trug, war doch schon lange vom Feuer zerstört worden! Die Fransen schwangen um die weiche Haut ihrer Arme und Beine. Er wusste, wie sich diese Haut anfühlte. Wenn er nur daran dachte, wurde er von Gefühlen überflutet. Ihr Haar floss ihr in einem dunklen Strom offen den Rücken hinunter, wie er es am liebsten hatte.

Sie durfte ihn nicht so sehen. Warum konnte er sich nicht bewegen? Er musste weg – doch es war zu spät. Sie hatte ihn gesehen. Einen Moment stand sie ganz still und dann weiteten sich ihre Augen – diese wundervollen himmelblauen Augen, die ihn begleiteten, seit er sie zum ersten Mal geküsst hatte. Ihre vollen Lippen teilten sich zu einem Lächeln, das ihn vor Sehnsucht beinahe zerspringen ließ. Sie rannte auf ihn zu und warf sich in seine Arme, völlig unbeeindruckt von seinem Zustand ...

Leuchtender Stern erwachte von dem Klicken eines Pistolenabzugs neben seinem Kopf. Das kalte Ende des Laufes presste sich an seine Schläfe. Er öffnete die Augen und sah einen Soldaten über sich stehen.

„Da will dich jemand sprechen", grunzte er und wedelte mit der Waffe zu Robert Lawrence hinüber. „Dich auch. Kommt schon!"

Leuchtender Stern setzte sich auf und blinzelte ins Licht, das durch die Tür in ihr Verlies fiel. Robert Lawrence sah ihn stirnrunzelnd an.

Der Soldat, Brady Jensen, war von Anfang an zu ihrer Bewachung abgestellt worden und machte keinen Hehl aus seiner Abneigung gegen die Indianer. Er quälte sie, wo er nur konnte. Doch Daniel empfand schon lange keine Furcht mehr. Beinahe wünschte er sich, Jensen hätte abgedrückt und er könnte zurückkehren in seinen Traum, in dem er Himmelsauge ewig umarmen konnte.

In der Nacht war frischer Schnee gefallen und Daniel und Robert hatten zu kämpfen, bis sie sich auf einen hoppelnden Rhythmus geeinigt hatten, mit dem sie trotz der Fußketten vorwärts kamen. Beide bückten sich instinktiv, nahmen sich eine Hand voll Schnee und reinigten damit zumindest oberflächlich ihre Gesichter und Hände.

Zu ihrer Überraschung führte Jensen sie zum Ausgangstor. Leuchtender Stern hatte seit Wochen kein Englisch mehr gesprochen und ihm fehlte die Energie, sich jetzt auf das Gespräch zwischen Jensen und dem Wächter zu konzentrieren. Vermutlich hatte es ohnehin nichts Gutes für ihn und Robert zu bedeuten. Am Zaun neben dem Tor lagen zwei längliche Bündel, die er unschwer als Leichen identifizieren konnte.

Jensen schubste ihn vorwärts und gestikulierte zu einem zweistöckigen Gebäude auf der anderen Straßenseite. Drinnen wurden sie von einem Schwall warmer Luft begrüßt. In dem großen, beinahe leer stehenden Raum hatte jemand einen kleinen Ofen angefeuert. Was auch immer hier drin geschehen würde, Daniel hoffte, dass es eine Weile dauern würde und er noch näher an diesen herrlichen Ofen herankommen konnte. Er hatte schon beinahe vergessen, wie sich Wärme anfühlte.

Drei andere Dakota saßen auf dem Boden in der Nähe des Ofens. Jensen trat wortlos zurück und ging hinaus. Daniel und Robert hoppelten zu einem halb verhungert aussehenden Krieger etwa in Daniels Alter und setzten sich neben ihn. Auf Daniels fragenden Blick zuckte er nur die Achseln.

An der Tür erklangen Stimmen; Jensen fluchte laut: „Das kann nicht Ihr Ernst sein! Wessen verdammte Idee war das?“

Als er sah, wen Jensen anschrie, schubste er Robert an. „Ich dachte, er sei in Fort Snelling gestorben?“

„Gerüchte“, flüsterte Robert zurück. „Wir hören doch nur Gerüchte!“ Seine Stimme zitterte, als er zu Heiliger Tag hinübersah.

Heiliger Tag kam auf sie zu und legte Robert eine Hand auf

die Schulter. „Ich freue mich zu sehen, dass mein alter Freund lebt und wohlauf ist", sagte er und nickte Daniel zu. „Ich habe gehört, dass man dich nicht gehängt hat. Das ist gut. Dein Name stand auf der Liste."

Daniel erschauderte, als Heiliger Tag sich abwandte, ohne auf eine Antwort von ihm zu warten.

Heiliger Tag stellte sich neben den Ofen und begann zu sprechen. Er war mittleren Alters, schlank, aber kräftig, und er sprach mit der ruhigen Sicherheit eines erfahrenen Anführers, der es gewohnt war, dass man ihm gehorchte. Jeder Mann im Raum kannte die Geschichte dieses Halbbluts, das bei seinem indianischen Stiefvater aufgewachsen war. Heiliger Tag hätte leicht nach Norden gehen und dem Ärger hier ausweichen können, doch er war geblieben und hatte die friedlichen Dakota in seinem Camp vereint und auch weißen Flüchtlingen Schutz gewährt. Aufgrund seiner besonderen Verdienste hatte General Sibley ihm angeboten, auf seine Farm nahe der Unteren Mission zurückzukehren. Doch Heiliger Tag hatte seine Brüder nicht im Stich lassen wollen. Er war nach Fort Snelling gegangen und hatte dort freiwillig mit ihnen gelitten. Und nun stand er hier, in einer Uniformjacke voller Abzeichen und mit einem schwarzen Hut, der mit Federn dekoriert war.

Zu Daniels Überraschung blieb Jensen mit über der Brust gekreuzten Armen in der Tür stehen, während Heiliger Tag das Kommando übernahm. Seine Stimme war sanfter als sonst, als er begann: „Am Ende des Monats, in dem die Hirsche springen, war ich bei General Sibley. Ich hatte gehört, dass die Armee im Frühjahr ausziehen will, um die entflohenen Aufständischen im Norden zu suchen. Ich fürchtete um meine friedlichen Brüder und Schwestern, die durch das Land ziehen. Deshalb habe ich General Sibley gesagt, ich würde vertrauenswürdige Dakota als Scouts für ihn auswählen, um die friedlichen Dakota in Sicherheit zu bringen. Ich sagte ihm auch, dass wir ihm helfen würden, die Aufständischen zu fangen." Er machte eine Pause und sah allen nacheinander in die Augen. „Dies schien dem General ein guter Vorschlag zu sein. Doch er musste erst den Weißen Vater in Washington fragen. Und der hat zugestimmt."

Daniel verspürte einen Hoffnungsschimmer. Wollte Heiliger Tag etwa andeuten, dass sie diesen Ort des Grauens verlassen konnten? Er versuchte sich nicht zu früh zu freuen.

„Die fünf Männer, die ich ausgewählt habe, wurden von General Sibley akzeptiert", sagte Heiliger Tag. „Aber als ich hörte, dass auch Daniel Leuchtender Stern, Robert Lawrence, Big Amos, Büffelgeist und Gute Stimme hier in Mankato sind, habe ich ihn gebeten, auch euch mitnehmen zu dürfen."

Jensen spuckte aus und rieb sich die Nase.

Heiliger Tag fuhr fort: „General Sibley fragte mich, ob es weise sei, euch nach allem, was geschehen ist, frei herumlaufen zu lassen. Ich sagte ihm, dass ihr aufrechte und verlässliche Männer seid." Daniel sah Heiliger Tag an, als er schloss: „General Sibley hat auf mich gehört. Wir können aufbrechen."

Big Amos schnaubte: „Der General spricht und plötzlich dürfen gefangene Dakota sich Waffen und Pferde nehmen und losreiten? Wisst ihr, was ich denke? Sie wollen nur einen Vorwand, um uns zu töten!"

Heiliger Tag setzte sich vor sie. „Sie geben uns nicht gleich Pferde und Waffen. Zuerst fahren wir in Wagen, die über den Schnee gleiten, nach Rice Creek. Dort bekommen wir die Pferde und Waffen. Wir werden freie Männer sein, meine Brüder!"

„... frei, um unsere Brüder zu jagen!", sagte Big Amos direkt.

Gute Stimme unterbrach ihn: „Was Heiliger Tag sagt, klingt gut", sagte er und nickte durchs Fenster zu ihrem Gefängnis hinüber. „Ich möchte frei sein, aber ich könnte meine friedlichen Brüder niemals zu einem Ort wie diesem schicken. Dann sollten sie lieber sterben!"

Heiliger Tag sprach leise. „Jeder friedliche Dakota, den wir finden, wird mit uns bis zum Frühjahr im Camp bleiben. Dann kommen sie in ein neues Reservat. Auch die, die in Fort Snelling sind. Unsere Brüder, die noch immer verunsichert herumirren, müssen diese guten Nachrichten hören. Es wird einen Ort geben, an dem sie sicher sind - vor den Soldaten und den feindlichen Sioux, die sie hassen, weil sie nicht kämpfen wollten.“

Gute Stimme war schon halb überzeugt. „Wenn wir Sibley helfen, vielleicht lässt uns der Weiße Vater in Washington dann in Frieden leben?“

„Ihr dürft alle Pferde behalten, die ihr findet“, sagte Heiliger Tag. „Auch die Waffen. Und sie geben uns einen Koch mit.“

„Das heißt, wir müssen unser Brot nicht mehr erst töten, bevor wir es essen können?“, scherzte Big Amos.

„Ihr müsst zusagen, für sechs Monate als Scouts zu dienen“, erklärte Heiliger Tag. „Sie werden euch Uniformen geben und Pferde und Waffen, wenn wir das Camp erreichen. Außerdem erhaltet ihr 7 Dollar im Monat als Lohn. Und ...“, er sah zu Robert und Big Amos, „die Angehörigen der Scouts können ebenfalls im Camp leben!“

Daniel riss die Augen auf und sah, wie Robert von seinen Gefühlen überwältigt wurde. „Robert und ich werden gehen“, sagte er.

Gute Stimme scherzte: „Daniel und ich sind nicht verheiratet. Werden sie uns auch Frauen zur Verfügung stellen?“

„Und wann werden wir die hier los?“, fragte Daniel und rüttelte an der Kette, die ihn mit Robert verband.

Heiliger Tag hielt einen Schlüssel hoch. „Wenn ihr der Armee Treue schwört, sofort. Wir brechen morgen früh auf.“

Er befreite sie und sagte dann: „Wartet hier, bis ich zurück bin.“

Die Männer rieben sich ihre wunden Knöchel und setzten sich so dicht wie möglich an den Ofen. Big Amos stampfte in einem übertriebenen Tanz um sie herum, das erste Mal seit Monaten ohne Ketten. Die anderen mussten grinsen.

Daniel rümpfte die Nase, als ihre ungewaschenen Körper in der Wärme noch mehr zu stinken begannen.

Heiliger Tag kam mit einigen Soldaten zurück, die Decken und Kleidung dabei hatten. Außerdem trugen sie große Kübel mit Schnee herein, die sie zum Schmelzen neben den Ofen stellten. Brady Jensen ließ ein Stück Seife neben Daniel auf den Boden fallen. „Das ist nicht zum Essen, Rothaut“, zischte er und ging dann schimpfend hinaus.

Als die Männer sich gewaschen und umgezogen hatten, wurden ihre alten Kleider draußen vor der Tür verbrannt.

An diesem Abend erhielten sie zum ersten Mal seit Monaten eine anständige Mahlzeit, und sie stopften sich mit Fleisch, Kartoffeln und Brot voll, bis ihre Bäuche gespannt waren wie Trommeln. Einer nach dem anderen taumelte zu seiner Decke und legte sich mit einem zufriedenen Seufzen hin.

Mitten in der Nacht erwachte Daniel vor Durst. Er ging zur Wache und bat darum, mehr Schnee holen zu dürfen. Als er den ersten Schluck des kühlen Nass' nahm, fühlte er sich an eine Quelle erinnert, aus der er als Kind immer getrunken hatte. Das Lager befand sich in der Nähe von Zerbrochene Pfeifes ehemaligem Handelsposten. Daniel war oft mit seinen Freunden Otter und Roter Donner dort gewesen, und sie hatten mit Geneviève LaCroix geflirtet, der hübschen Tochter des Händlers.

Daniel sah aus dem Fenster. Der Schnee fiel immer dichter und drüben im Gefängnis sang jemand eine Totenklage. Es war ein vertrautes Lied geworden. Er sah zur Tür. Hinter dieser Tür lag Mankato und dahinter Fort Ridgely und noch weiter entfernt ritt sein Freund Otter über die Prärie, jagte Büffel und führte Krieg gegen die Feinde. Und irgendwo dazwischen war ein wunderschönes Mädchen, halb Dakota und halb Französin, deren himmelblaue Augen ihm alles versprochen hatten, was sich ein Mann nur wünschen konnte.

Daniel legte sich wieder hin und starrte in die Dunkelheit. Ob er als Scout wohl in die Nähe der Missionsstation kommen würde? Man hatte ihm erzählt, dass alle Gebäude abgebrannt waren. Wie es wohl der starrköpfigen Miss Jane ergangen war? Hoffentlich war sie noch am Leben.

So sehr er sie auch zu unterdrücken versuchte, in Daniel stieg neue Hoffnung auf. Lange Zeit schien Gott die Gebete von ihm und Robert überhört zu haben. Doch als sie gerade aufgeben wollten, war Heiliger Tag aufgetaucht. Vielleicht war dies ein neuer Anfang. Vielleicht ...

1

Dem Schnee befiehlt er:
„Fall zur Erde nieder!“
Hiob 37,6

„Bist du sicher, dass es hier ist?“, schrie Robert Lawrence über den Wind hinweg.

„Ja“, sagte Daniel und versteckte sein Gesicht wieder in seinem hochgeklappten Kragen.

Halb schämten sie sich. Sie waren in diesem Land aufgewachsen und kannten es durch und durch. Sie hätten es wissen müssen, als der Wind sich drehte und die schwarze Wolkenwand auf sie zukam. Doch Brady Jensen war überzeugt gewesen, eine frische Spur gefunden zu haben. Er hatte ihre Feigheit verflucht und gemeint, dass er sich von ein bisschen Schnee nicht aufhalten lassen würde. Und deshalb waren sie ihm um den See gefolgt.

Als es zu schneien begann, hatten sie sich zuerst noch keine großen Sorgen gemacht. Schneefälle im Frühling kamen in Minnesota öfter vor. Niemand wollte die erste wirklich gute Spur verlassen, die sie seit Wochen gefunden hatten. Vielleicht war es Kleine Krähe selbst, den sie verfolgten. So waren sie weitergeritten, bis ihre Gesichter einzufrieren begannen und ihre Pferde in bauchhohen Schneeverwehungen versanken.

Als Jensen endlich einsah, dass sie Zuflucht suchen mussten, erwähnte jemand Fort LaCroix. Der Franzose, der dort gelebt hatte, war schon einige Zeit tot. Niemand wusste, ob sein Haus überhaupt noch stand. Doch selbst der Stall konnte ihnen jetzt das Leben retten.

Daniel war oft in Fort LaCroix gewesen. Er war sich sicher, dass sie ganz in der Nähe waren. Alle wussten, dass er der beste Spurenleser unter ihnen war, und sie vertrauten ihm blind.

Ob es Glück war oder eine Gebetserhörung – auf jeden Fall

sprang Daniel von seinem braunen Wallach und rief die anderen, ihm zu helfen. Schnell hatten sie sich durch eine weitere Schneeverwehung gegraben und stießen auf ein verwittertes Holztor. Sie stolperten in einen verlassenen Hof, der einst zum bestsortierten Handelsposten der ganzen Gegend gehört hatte. Sie brachten die Pferde in die Scheune, wo es genug Platz und sogar noch ein paar alte Heureste für sie gab. Und als die Dunkelheit einbrach, hatten sie bereits LaCroix' Küchentisch zerhackt und ein Feuer im Kamin angezündet.

Die Unordnung in der Hütte sagte ihnen, dass vor ihnen schon andere dort Zuflucht gesucht hatten. Als sie ein Rascheln im Dach hörten, rannte einer von ihnen die Leiter hoch und kehrte kurze Zeit später mit einem stattlichen Waschbären zurück, den sie sofort töteten, ausnahmen und über dem Feuer brieten.

Danach legten sie sich zum Schlafen hin. Es konnte gut sein, dass der Sturm einige Tage lang wüten würde. Genug Zeit, um nachzusehen, was noch von den Vorräten des Händlers übrig war.

Als alle schliefen, schlich Daniel sich zu dem kleinen Raum an der Hinterseite der Hütte. Er hob die halb verrottete Matratze auf dem Bett an und holte das kleine Buch hervor, das er vor einer halben Ewigkeit dort versteckt hatte. Damals waren Otter und er hergekommen, um Etienne LaCroix Neuigkeiten von seiner Tochter zu bringen. Doch sie hatten den Franzosen tot vorgefunden und ihn unter dem Baum neben seiner Frau, einer Dakota, begraben. Dann waren sie nach Süden zur Missionsstation zurückgeritten und Daniel hatte der jungen Frau mit den blauen Augen vom Tod ihres Vaters erzählt. Er hatte sie in den Armen gehalten, als sie weinte. Selbst jetzt noch konnte er sich an das Gefühl erinnern.

Er schlug das Büchlein auf und betrachtete die Portraits von Himmelsauge als Kind, die ihr Vater gezeichnet hatte. Das Grübchen in ihrer Wange, die geschwungenen Augenbrauen über diesen unvergesslichen Augen ...

Daniel starrte auf das Bild von Geneviève und wurde von

seinen Gefühlen überwältigt. Die Sehnsucht nach ihr war so stark, dass sie regelrecht körperlich wehtat. Und doch war sie ihm willkommen, denn zum ersten Mal seit Wochen spürte er überhaupt wieder etwas. Vielleicht würde er eines Tages trotz allem wieder lebendig werden.

Er schaute auf das Bild hinunter und erinnerte sich an das, was Heiliger Tag ihm gesagt hatte: „Für sie bist du tot! Dein Name hat auf der Liste der zum Tode Verurteilten gestanden." Himmelsauge hatte sicher davon gehört. Sie hielt ihn für tot und vermutlich war das am besten so. Die Kinder von Viele Worte würden ihrem Leben einen Sinn geben. Wahrscheinlich würde der Missionar sie heiraten wollen. Schließlich liebten die Kinder sie und seine Frau war tot.

Schnell wandte er seine Gedanken von dieser Idee ab und zu dem Baby, das Himmelsauge und er gefunden hatten. Wenn niemand das Kind beanspruchte, würde Gen es behalten und damit immer eine Verbindung zu Daniel bewahren. Immer, wenn sie das Kind ansah, würde sie an ihn denken. Das musste ihm genügen.

Sie hatte Freunde und Angehörige, die sie liebten. Sie war in Sicherheit, weit weg von dem Ärger hier. Er hatte nichts – kein Zuhause, keine Zukunft. Für sie war er tot, und das war gut so.

Trotzdem nahm Daniel das Buch mit, als er zu seiner Schlafstätte zurückging, und steckte es in seinen Gürtel.

2

Herr, zeige mir,
wie kurz mein Leben ist
und dass mein Ende
unausweichlich kommt.
Psalm 39,5

„Ma-ma-ma-ma-ma!"

Das blonde Kind, das sie Hope nannten, zog sich an dem Küchenstuhl hoch, an dem Geneviève LaCroix saß und Erbsen pulte.

„Ma-ma-ma!", machte Hope noch ein wenig lauter und tätschelte mit einer dicklichen Hand Gens gelben Rock.

Miss Jane blinzelte Gen zu und spülte dann weiter ihre Töpfe und Pfannen. „Die kleine Lady will von ihrer Mama hochgenommen werden!"

Gen musste schlucken und wunderte sich über die Tränen, die in ihren Augen brannten. Mama? Sie ignorierte Hopes Hand an ihrem Rock noch so lange, bis sie die letzten fünf Erbsenschoten um ihren Schatz erleichtert hatte. Dann hob sie die Kleine hoch und küsste sie auf die Wange.

„Ich bin nicht deine Ma-ma-ma, kleine Maus", sagte sie leise.

„Aber wahrscheinlich das, was einer Mama am nächsten kommt", meinte Miss Jane. „Ich stelle mir gern vor, wie ihre richtige Mama dankbar vom Himmel schaut und sich freut, dass der Herr dich und Daniel zu Hopes Rettung geschickt hat."

Gen lächelte traurig. Sie setzte Hope auf den Boden und hielt ihr dann die Hände hin. Sofort ergriff das Kind je einen ihrer Zeigefinger und begann über den makellos sauberen Dielenboden zu laufen. Gen tippelte in kleinen Schrittchen hinter ihr her und sagte: „Manchmal frage ich mich allerdings, ob Hopes Mutter wirklich so begeistert wäre, dass *ich* ihr Kind großziehe - nach allem, was passiert ist ..."

„Du hast doch mit den Indianern, die sie umgebracht haben, nicht mehr zu tun, als ich mit Präsident Lincoln", sagte

Miss Jane fest. „Und wenn du und Leuchtender Stern - Gott sei seiner Seele gnädig - nicht an diesem Tag zu ihrem Hof gekommen wärt, würde Hope jetzt auch nicht mehr leben. Sieh nur, wie sehr sie dich liebt! Ich würde sagen, der Herr hat eine gute Wahl getroffen, als er dich zu Hopes neuer Mama auserkoren hat!"

„Und als er Rebecca und Timothy zu dir geführt hat, war das auch eine sehr gute Idee von ihm", befand Gen und führte Hope zurück zum Tisch.

Miss Jane begann das Geschirr abzutrocknen. Sie seufzte. „Manchmal muss ich mich daran erinnern, dass die beiden mir nur kurz geliehen sind." Sie schüttelte den Kopf. „Ich verstehe nur nicht, warum nicht jemand auf Reverend Danes Anzeigen in den Zeitungen inzwischen reagiert hat. Man sollte doch meinen, dass jeder, der hier in der Gegend Angehörige hat, alles verfolgen würde, was über ihr Ergehen Aufschluss gibt."

„Ich verstehe das auch nicht", sagte Gen und reichte Hope einen Holzlöffel zum Spielen. „Andererseits - es wäre ja auch *zu* schrecklich, wenn wir die Kinder behalten müssten, nicht wahr?" Sie grinste Miss Jane viel sagend an.

Hope klatschte mit dem Löffel auf Gens Bein und sie rief: „Au, das tut weh!" Sie nahm der Kleinen den Löffel weg und setzte sie wieder auf den Boden. „Wenn doch Leuchtender Stern sehen könnte, was er da für einen kleinen Rabauken gerettet hat!" Schnell wischte sie sich eine Träne von der Wange, doch Miss Jane hatte sie gesehen.

„Es ist erlaubt zu trauern, Gen. Du musst dich deiner Tränen nicht schämen", sagte sie sanft.

Gen seufzte. „Ach, Jane. Ich bin zwei Monate lang ein heulendes Bündel gewesen. So langsam müsste ich doch genug getrauert haben. Die Kinder und Simon haben das wirklich nicht verdient!"

„Ich glaube, Reverend Dane hat *damit* nicht das geringste Problem!", sagte Miss Jane mit einem feinen Lächeln.

Gen deutete auf Hope. „Kannst du dich um sie kümmern, während ich die restlichen Erbsen hole? Es sind noch mindestens zwei Reihen reif und bei dieser Wärme verderben sie so schnell.“

Miss Jane nickte und setzte einen Kessel Wasser auf. „Ich werde diese hier schon mal blanchieren und einmachen.“

Gen hielt inne. Sie sah Jane an und fragte: „Meinst du, Gott ... Gott verlangt von seinen Kindern manchmal, dass sie Dinge tun, die sie absolut nicht wollen?“

„Ständig“, kam die kurze Antwort von Miss Jane. „Überrascht dich das?“

Gen schüttelte den Kopf. „Nicht wirklich. In der Missionsschule haben wir eine Menge Bibelverse auswendig gelernt, in denen es darum ging, dass man sein Leben lassen muss, um es zu gewinnen.“ Sie seufzte. „Aber das auch zu leben ist mir noch so neu. Manchmal denke ich, ich lerne es nie ...“

„Um was geht es denn?“, fragte Miss Jane nach.

„Was ist mit dem Versprechen, dass er uns gibt, was unser Herz begehrt? Ich habe das Gefühl, dass er das niemals tut.“

Miss Jane trocknete sich die Hände ab und lehnte sich gegen die Spüle. „Ich glaube nicht, dass dieses Versprechen bedeutet, dass er uns alle unsere Wünsche erfüllt. Zumindest nicht so direkt. Ich denke, es bedeutet, dass er die Sehnsucht unseres Herzens formt und uns alles gibt, was wir wirklich brauchen. Wir brauchen Liebe - Gott schenkt uns seine vollkommene Liebe. Wir brauchen jemanden, der für uns da ist - Gott ist immer bei uns. Wir müssen wissen, wer wir sind, wozu wir hier sind und wo wir hingehen. Gott sagt uns all das.“

„Das weiß ich ja“, meinte Gen ungeduldig. „Ich rede von ganz praktischen Dingen. Alltäglichen Angelegenheiten.“

Miss Jane nahm Hope hoch. „Wenn Gott zu etwas Nein sagt, was seine Kinder wollen, dann tut er das meistens, weil er etwas Besseres für sie bereit hat. Das ist nicht nur so ein Spruch, Gen. Er tut wirklich immer das, was das Beste für uns ist. Immer!“

„Hattest du denn das Gefühl, dass Gott das Beste für dich tut, als dein Verlobter starb?“, fragte Gen abrupt.

Miss Jane schüttelte den Kopf. „Nein, bestimmt nicht.“

„Aber heute denkst du das doch?"

Miss Jane zögerte keinen Augenblick. „Ja, absolut." Sie gab dem Baby einen Keks und setzte es wieder ab. „Wenn ich Andrew geheiratet hätte, wäre ich niemals Lehrerin geworden. Und weißt du was?" Sie sah Gen grinsend an. „Ich bin eine viel bessere Lehrerin, als ich eine Ehefrau gewesen wäre. Versteh mich nicht falsch - es hat eine Weile gedauert, bis ich mich nicht mehr nach den Fleischtöpfen Ägyptens zurückgesehnt habe. Selbst jetzt, nach 20 Jahren, gibt es noch Zeiten, da gefällt es mir gar nicht, eine alte Jungfer zu sein. Aber eins weiß ich genau: In einer Million Jahren wird es keine Rolle spielen, ob ich einst Mrs. Andrew Gainsborough gewesen bin. Es wird aber sehr wohl eine Rolle spielen, ob ich durch die Türen gegangen bin, die Gott mir geöffnet hat." Sie lächelte Gen an. „Gott war geduldig mit mir. Mit dir ist er es auch."

Gen lehnte sich gegen den Türrahmen. „Simon hat mir einen Heiratsantrag gemacht."

„Natürlich", sagte Miss Jane sachlich, doch ihre blaugrauen Augen funkelten vor Vergnügen.

„Du bist nicht überrascht?"

„Nicht im Mindesten", sagte Miss Jane. „Das war doch zu erwarten."

Gen seufzte. „Er hat mich schon vor Wochen gefragt. Und Nina Whitney hat mir einmal gesagt, dass eine Ehe nicht notwendigerweise etwas mit romantischen Gefühlen zu tun haben muss."

Miss Jane nickte. „Ich habe viele gute Ehen gesehen, die als Freundschaft begannen. Dagegen ist nichts einzuwenden."

Gen berührte ihren Halsschmuck, ein schlichtes Samtband. „Letzte Woche, als wir zugeschaut haben, wie die Gefangenen aus Fort Snelling in das neue Reservat aufgebrochen sind, habe ich die Halskette abgenommen, die Leuchtender Stern mir geschenkt hat. Als die Dakota gesungen haben, nach allem, was sie durchgemacht hatten - du weißt ja, wie nahe mir das gegangen ist. Ich habe beschlossen, dass mein Leben etwas zählen soll. Ich habe mir sogar vorgestellt, wie ich mein ganzes

Leben Gott hingebe ... wie Mrs. Riggs ihre Sorgen um die Kinder der Mission." Sie zögerte. „Ich dachte, es ist Gottes Wille, dass ich Simon heirate und seinen Kindern eine Mutter bin. Ich habe sogar einmal nachts auf ihn gewartet, als er von einem Treffen nach Hause kam. Um Ja zu sagen, weißt du." Ihre Stimme zitterte. „Aber ich ... ich konnte es einfach nicht. Ich mag Simon wirklich sehr. Wir haben eine gute Freundschaft. Aber ..."

„Nur weiter, Liebes", ermutigte sie Miss Jane. „Heraus damit!"

Gen seufzte. „Ich will mehr als nur eine gute Freundschaft mit meinem Ehemann führen. Ich will das, was meine Eltern hatten. Sie ..." Sie hielt inne und sah gedankenverloren aus dem Fenster. „Sie berührten sich gern und oft. Sie hatten ihre kleinen Geheimnisse. Blicke, Worte, Gesten ... Sag mir, was du darüber denkst, Jane!"

Miss Jane deutete auf einen der Stühle. „Setz dich, Liebes", sagte sie und nahm Gens Hand. Dann atmete sie tief durch. „Du hast in den letzten zwei Jahren sehr viel durchgemacht. Zuerst musstest du von zu Hause weggehen und dann starb dein Vater. Dann der Aufenthalt in New York und Mrs. Danes Tod. Dann kamt ihr nach Minnesota zurück – mitten in einen Krieg. Schließlich wurde noch deine erste große Liebe umgebracht. Und jetzt sind unser aller Leben in Aufruhr, niemand weiß, wie es weitergeht, und wir haben drei verwaiste Kinder, um die wir uns kümmern müssen." Sie tätschelte Gens Arm. „Kein Wunder, dass du nicht weißt, was du tun sollst. Lass dir nur Zeit. Oder drängt dich der Reverend?"

Gen schüttelte den Kopf. „Nein. Er ist nur ... er ist eben einfach da. Ich habe das Gefühl, er beobachtet mich ständig."

„Du kannst kaum erwarten, dass er dich nicht ansieht, Gen. Du hast seinen Antrag nicht rundweg abgelehnt und du bist eine wunderschöne junge Frau ... das schwarze Haar und diese strahlend blauen Augen ..." Sie lächelte Gen an. „Und abgesehen von deiner körperlichen Attraktivität lieben dich auch noch seine Kinder. Du musst bedenken, dass sein Leben ja genauso durcheinander und unsicher ist wie unseres. Er hat keine Gemeinde, keine Schüler, keine Aufgabe. Das einzige, was der arme Mann klar vor sich sieht, ist, dass du Meg und Aaron liebst und sie dich. Man kann ihm wohl nicht vorwerfen, dass er sein Leben gerne wieder etwas ordnen würde."

„Aber ...", protestierte Gen.

Miss Jane hob eine Hand. „Lass mich zu Ende reden. Ich bin mir sicher, dass Reverend Dane dich wirklich liebt. Und das heißt, dass er das Beste für dich will. Er wird dir alle Zeit lassen, die du brauchst." Als Gen nicht reagierte, fügte sie hinzu: „Es tut mir Leid, dass ich keine weltbewegenderen Antworten habe, Gen. Gott hat dich hierher gestellt, an diesen Ort, in diesem Moment, mit Kindern, die deine Liebe brauchen – und mit Erbsen, die geerntet werden müssen!" Sie reichte Gen den leeren Korb. „Ich habe oft die Erfahrung gemacht, dass Gott mir seinen Willen zeigt, wenn ich erst mal einfach das Naheliegendste tue." Sie tätschelte Gens Schulter. „Gib dir Zeit, Gen. Und so lange tust du einfach das, was vor dir liegt. Ernte die Erbsen. Gott wird dir schon zur rechten Zeit offenbaren, was du in Bezug auf Reverend Dane tun sollst. Wenn er die Herzen von Königen verändern kann, kann er auch eine kleine Halbblutindianerin leiten." Sie blinzelte Gen zu, während der Lärm trappelnder Füße die Ankunft der Kinder ankündigte.

Der dunkelhaarige Timothy Sutton schlang seine Arme um Miss Jane. „Ich kann meinen Namen schreiben, Tante Jane! Meinen ganzen Namen, von vorne bis hinten!"

Timothys ältere Schwester Rebecca kam herein und sah Miss Jane etwas traurig an. Seit sie mit ansehen musste, wie ihre Eltern von aufständischen Indianern umgebracht worden waren, war sie ein sehr ernsthaftes Kind geworden. „Hatten wir Post?", fragte sie.

Miss Jane schüttelte den Kopf. „Leider nicht, Liebes."

Der 12-jährige Aaron Dane meinte altklug: „Es dauert eben eine Weile, bis ein Brief von St. Louis nach hier draußen kommt, Rebecca."

Rebecca sah zur Decke. „Ja, aber man kann ja auch telegrafieren und das dauert keine Minute. Und Reverend Dane hat in seiner Anzeige um schnelle Rückantwort gebeten.“ Ihre Stimme schwankte ein wenig. „Jeder, dem seine Angehörigen etwas bedeuten, würde doch ...“ Sie brach ab. „Sind noch mehr Erbsen zu ernten?“, fragte sie dann mit vollkommen kontrollierter Stimme. „Timothy und ich können das machen.“

„Ich auch!“, meldete sich Meg Dane zu Wort. „Ich helfe euch.“

„Nicht bevor ihr ein Glas Milch und ein paar Kekse gegessen habt“, sagte Miss Jane.

„Kek-si!“, sagte Hope begeistert. „Ma-ma, Kek-si!“

Die Kinder stürzten sich auf sie und jedes von ihnen versuchte sie dazu zu bringen, seinen Namen auszusprechen: „Sag Meg, Hope!“

„Nein, sag Aaron!“

Dann stürmten sie alle nach draußen, als Reverend Dane die Stufen zur Veranda heraufkam.

„Hope kann sprechen!“, riefen sie alle auf einmal. „Sie sagt Mama zu Gen und Keks kann sie auch schon sagen!“

Simon nahm seinen Hut ab und ging vor Hope in die Hocke. Die Kleine kam zu ihm, piekste ihm mit dem Finger in die Wange und sagte strahlend: „Pa-pa!“

3

Wer sich mir anschließen will,
der muss bereit sein, mit Vater
und Mutter zu brechen,
ebenso mit Frau und Kindern,
Brüdern und Schwestern,
und sogar das eigene Leben
aufzugeben.
Sonst kann er nicht
mein Jünger sein.
Lukas 14,26

„Ich komme gleich nach, Samuel“, sagte Simon zu seinem Kollegen und Mitstreiter. „Ich muss eine Weile allein über das nachdenken, was wir heute Abend besprochen haben.“

Samuel sah auf und rückte seinen Hut zurecht. „Ich weiß, dass du ungern ohne deine Kinder aufbrechen willst, Simon. Aber selbst wenn du sie nach Davenport mitnehmen würdest, würden sie nicht viel von dir sehen. Du würdest jede wache Minute mit den Gefangenen verbringen. Es ist wirklich besser, allein zu fahren - zumindest anfangs. Wenn wir die Situation besser einschätzen können, kannst du sie ja nachholen. Nina und ich würden sie sehr gern bei uns aufnehmen.“ Er legte seine Hand auf die knochige Schulter seines Freundes. „Du weißt, dass wir deine Kinder sehr lieb haben. Und unter der Obhut von Miss LaCroix und Miss Williams werden sie wohl eher schrecklich verwöhnt werden, als dass ihnen etwas fehlte ...“

Simon nickte. „Aber ich will trotzdem darüber beten“, sagte er.

Mit einem Seufzen reichte Samuel ihm einen Schlüsselbund. „Schließt du dann nachher ab?“

Simon nickte wieder und schloss die Tür, bevor Samuel noch etwas sagen konnte. Er lehnte sich gegen die Holzwand und starrte in die leere Kirche. Seltsam, dass menschenleere Kirchengebäude ihm so viel Trost gaben. Er ging nach vorne und setzte sich in die erste Bankreihe. Es war eine einfache Kirche ohne prächtige Buntglasfenster. Doch der Mond schien hinein und das schlichte Kreuz an der Kopfseite erstrahlte in seinem Glanz. Bevor Simon anfangen konnte zu beten, fiel ihm ein Bibelvers ein: „ *... dass alle Dinge denen zum Besten dienen müssen, die Gott lieben ...*"

Simon lehnte sich zurück und schloss die Augen. *Alle Dinge. Nicht nur die, die du verstehst, Simon!*

Simon war sich nicht sicher, ob er ein Selbstgespräch führte oder ob die Stimme Gottes mit ihm redete. *Aber ich soll meine Kinder zurücklassen, Herr! Und Geneviève.*

Du bittest seit Monaten darum, zu den Dakota zurückzudürfen. Sie brauchen dich jetzt.

Simon wusste, dass das wahr war. Er wurde im Camp McClellan tatsächlich gebraucht. Man machte sich große Sorgen um Reverend Masters. All die Monate hatte er sich treu um die Gefangenen in Mankato gekümmert und war mehrmals in der Woche die 22 Kilometer zu Fuß gegangen. Nun war er am Ende seiner Kräfte und musste abgelöst werden. Man hatte Simon gebeten, Ende Mai in das neue Lager nach Davenport zu reisen.

Dies ist der Weg, Simon. Geh ihn. Ich sorge dafür, dass alles dir zum Guten dient.

Simon rieb sich über die grauen Stoppeln auf seinem beinahe kahlen Schädel und seufzte. Er hatte viel Grund zur Dankbarkeit. Niemand wusste das besser als er. Die liebe, geduldige Ellen hatte ihn geheiratet, ohne zu wissen, dass sie einen selbstgerechten, dummen Kerl ehelichte. Ein Mann, der kalt und unfähig war, emotionale Bedürfnisse zu befriedigen. Erst nach Ellens Tod hatte Simon begriffen, wie sehr er sie brauchte. Doch durch diesen Schock hatte Gott erst damit beginnen können, Simon zu verändern.

Sechs Monate nach Ellens Tod hatte Simon zum ersten Mal das Gefühl gehabt, den Dakota wirklich von Nutzen sein zu können. Doch dann war auch diese kleine Welt zusammengebrochen. Es war im August 1862. Simon hatte gerade eine kleine, aber viel versprechende Arbeit unter den Dakota begonnen, als der Aufstand losgebrochen war und das Chaos regiert hatte. Und selbst jetzt, neun Monate später, war es keineswegs beseitigt.

„... dass alle Dinge denen zum Besten dienen müssen, die Gott lieben ...“

Simon sah auf das Kreuz. *Ja, Vater.* Er begann sich das Gute ins Gedächtnis zu rufen, das in der Folge des Aufstandes geschehen war. Er war von seinen Kinder getrennt worden, doch Gott hatte Meg und Aaron beschützt. Sie waren die ganze Zeit bei Gen und Miss Jane gewesen, und als sie wirklich in Gefahr geraten waren, war Leuchtender Stern aufgetaucht und hatte ihnen die Flucht nach Fort Ridgely ermöglicht.

Während er nach seinen Kindern gesucht hatte, war Simon in Ereignisse verwickelt worden, die aus ihm einen anderen Mann gemacht hatten – einen besseren. Er hatte einer Gruppe Missionare zur Flucht verholfen und dann hatte Gott ihm irgendwie die Idee eingegeben, sich den Soldaten als Armeekaplan anzuschließen. Simon wusste, dass das Gottes Werk gewesen war, denn nichts hätte ihm selbst ferner liegen können. Er war immer ein Mann des Buches gewesen, nicht der Taten. Doch der Aufstand hatte das geändert. Simon, einst schwach und wenig entscheidungsfreudig, war nun zäh und sehnig geworden. Er hatte Führungsqualitäten an sich entdeckt. Und er hatte gelernt, Gott in einer Tiefe zu vertrauen, die er bisher für unmöglich gehalten hatte. Er betete Tag und Nacht für seine Kinder und für Geneviève und sagte eins ums andere Mal: „Herr, ich glaube – hilf meinem Unglauben!“

Noch immer hatte er einen Rest Misstrauen gegenüber Gott in sich. Er neigte dazu, ihn auf seine Gerechtigkeit und Größe zu beschränken und seine Gnade und Liebe zu vergessen. Schließlich hatte er auch für Ellen gebetet und sie war trotzdem gestorben, nicht wahr? Vielleicht waren negative Antworten ja auch sein Schicksal im Leben. Doch andererseits, als Simon für seine Kinder gebetet hatte, antwortete Gott mit einem kräftigen Ja. Aaron und Meg waren gesund und bemerkenswert wenig verstört zu ihm zurückgekommen.

Simon lehnte sich lächelnd zurück und zählte im Geist seine Segnungen auf: Sohn und Tochter wohlauf. Keine bleibenden seelischen Schäden. Sein Gebetsleben neu angefacht. Die Selbstgerechtigkeit beinahe besiegt. Brauchbarkeit verstärkt. Gutes über Gutes fiel Simon ein und er dankte Gott von Herzen für alles. Doch auch danach war da immer noch eine Abneigung, ein Unwillen, St. Anthony zu verlassen.

Er lehnte sich vor. „Ach Herr, ich habe meine Familie gerade erst wiederbekommen. Nach all den Wochen der Angst und Trennung, nach all der Trauer um Ellen ... du hast mir meine Familie erneut geschenkt. Sicher kannst du doch nicht wollen, dass ich sie jetzt schon wieder verlasse ... oder? Ich weiß, ich sollte das nicht fragen, Vater, aber ich kann meine Gefühle nicht verleugnen. Bitte, Gott, gib mir die Zeit, um Geneviève zu werben. Nur eine kleine Weile. Wenn sie zustimmt, mich zu heiraten, werde ich gehen. Ist das zu viel verlangt?"

Der Satz: „Weide meine Lämmer!", kam ihm in den Sinn.

Aber das tue ich doch, Herr. Ich habe es immer getan.

Das stimmte. Zusammen mit den Whitneys hatte sich Simon um unzählige Opfer des Aufstandes gekümmert. Er und Aaron waren Hunderte von Kilometern gefahren, um Hilfsgüter zu verteilen. Es war eine gute Arbeit gewesen. Er hatte sie von Herzen gern getan und hatte dankbar bemerkt, dass sein Sohn in reichem Maße die Gabe des Mitgefühls besaß. Er war erst 12 Jahre alt, aber er hatte Dinge erlebt, die ein Kind entweder früh reifen lassen – oder zerstören. In Aarons Fall hatten sie ihn reifen lassen und in vieler Hinsicht war er bereits ein junger Mann geworden.

Ich habe dich zu den Indianern gesandt, Simon. Weide meine Lämmer!

In den Lagern in Mankato und Fort Snelling hatte unter den Gefangenen eine Erweckung stattgefunden. Menschen, die noch nie Interesse am Glauben gezeigt hatten, besuchten plötzlich Bibelstunden, beteten und ließen sich taufen. Es war ein Wunder. Mitarbeiter waren von Nöten, denn die dortigen geistlichen Leiter waren kaum in der Lage, der Nachfrage nach

Bibeln, geistlichen Büchern und Lehrern nachzukommen. Miss Huggins und Miss Stanford arbeiteten unter den Dakota-Frauen in Fort Snelling und waren vor zwei Wochen mit ihnen in das neue Reservat aufgebrochen. Miss Jane würde folgen, sobald die Situation von Timothy und Rebecca Sutton geklärt war. In vieler Hinsicht war dies die aufregendste Zeit in der Mission. *Wie typisch ist es doch für Gott*, dachte Simon, *dass er die schönsten Geschenke macht, wenn aus menschlicher Perspektive alles völlig in Trümmern liegt.*

Ich habe keinen Grund, auf eine Entscheidung bezüglich Gen und mir zu warten. Ich sollte Gott einfach vertrauen und losgehen.

Doch der Gedanke an Camp McClellan ließ ihn dennoch erschaudern. Zweihundert Dakota waren von Mankato dorthin gebracht worden. Er hatte von den Zuständen dort gehört – sie waren wie Vieh zusammengepfercht und übel behandelt worden. Jede Woche waren einige von ihnen gestorben. Und es gab wenig Grund zu der Annahme, dass es im Camp McClellan anders sein würde. Ja, sie brauchten ihn. Zum ersten Mal in einem Vierteljahrhundert missionarischer Arbeit *wollten* die Dakota, dass Missionare zu ihnen kamen. Und wenn Gen und die Kinder nicht gewesen wären ...

Wer sich mir anschließen will, der muss bereit sein, mit Vater und Mutter zu brechen, ebenso mit Frau und Kindern, Brüdern und Schwestern, und sogar das eigene Leben aufzugeben. Sonst kann er nicht mein Jünger sein. Und ich berufe dich nach Mankato, Simon.

Seufzend erhob sich Simon. Er starrte noch eine Weile auf das Kreuz, dann ging er hinaus. Es hatte zu regnen begonnen und er schlug den Kragen hoch. Morgen würde er mit den Kindern Angeln gehen, wenn es nicht immer noch regnete. Gen konnte mitkommen und sie würden bei den Wasserfällen ein Picknick machen.

Simon sah am zweistöckigen Haus der Whitneys hinauf. Wieder so eine Segnung von Gott persönlich. Samuel und Nina waren nach Westen gesandt worden, um den weißen Flüchtlingen hier zu helfen. Man hatte ihnen das Haus so billig vermietet, dass sie eingewilligt hatten, obwohl sie ein so großes Gebäude gar nicht benötigten. Gott hatte den übrigen Platz schnell gefüllt - zunächst mit Lizzie Huggins und Belle Stanford, den Lehrerinnen der Mission. Dann waren Miss Jane mit Rebecca und Timothy Sutton dazugekommen und schließlich noch Simon und sein Anhang.

Simon öffnete leise die Tür und hängte Hut und Mantel auf. Vor der Treppe zog er auch seine Schuhe aus und schlich sich hinauf. Dabei dankte er Gott lautlos dafür, dass seine Kinder sicher und geborgen in warmen Betten schlafen konnten. Und er fühlte sich schuldig, weil er wusste, dass im selben Moment viele Dakota-Kinder an Hunger und Kälte starben, weil ihre Väter und Brüder in Camp McClellan gefangen gehalten wurden. Als sie noch in Minnesota gewesen waren, hatten die Männer mit ihren Familien in Fort Snelling einen regen Briefkontakt unterhalten. Dr. Riggs hatte berichtet, dass er in einer Woche manchmal 200 Briefe hin und her transportiert hatte. Simon fragte sich, was nun daraus werden würde, wo eine so lange Strecke zwischen ihnen lag.

Er warf einen kurzen Blick ins „Mädchenzimmer", wo Meg und Hope friedlich in ihren Bettchen schliefen. Weiter hinten im Zimmer lag der wirkliche Grund, warum er St. Anthony nicht verlassen wollte.

Sie war vor beinahe drei Jahren zu den Danes gekommen, im Herbst vor dem Aufstand. Von ihrer indianischen Mutter hatte sie das glänzende schwarze Haar und die braune Haut geerbt, doch von ihrem französischen Vater hatte sie die strahlend blauen Augen. Auch von der sanftmütigen Persönlichkeit ihrer Mutter spürte man ihr nicht viel ab. Sie war damals gegen ihren Willen bei den Danes gewesen und hatte nicht versucht, ihre Abneigung gegen dieses Arrangement zu verbergen. Simon lächelte in sich hinein, als er sich an ihren Zornesausbruch wegen seiner Ignoranz gegenüber den Dakota erinnerte. Sie war so wütend gewesen, dass sie mit dem Fuß aufgestampft hatte. Was sie gesagt hatte, hatte Simon überhaupt nicht gefallen. Vor allem deshalb, weil sie Recht gehabt hatte.

Er hatte zu dieser Zeit bereits zehn Jahre bei den Dakota verbracht und nichts erreicht, nichts gelernt. Erst Ellens Tod hatte ihn aus seinem Trott gerissen und ihn auf den Boden der Tatsachen geworfen. Endlich hatte er eine wirkliche Beziehung zu seinen Kindern geknüpft und war dem Volk der Dakota ein nützlicher Hirte geworden. Und das war Genevièves Verdienst.

Am liebsten wäre er zu ihr gegangen und hätte ihr durch das schwarze Haar gestrichen. Er liebte die beiden grauen Strähnen, die sich in der Zeit der Gefangenschaft an ihren Schläfen verfärbt hatten. Sie hatte sie sich erworben, als sie seine Kinder beschützt hatte.

Das geht nicht, erinnerte sich Simon und zog sich zurück. Nachdem sie sich in Fort Ridgely wiedergefunden hatten, hatten sie in der Zeitung von Daniel Leuchtender Sterns bevorstehender Hinrichtung gelesen. Sie waren sofort aufgebrochen, doch es war zu spät gewesen; sie hatten nichts mehr für ihn tun können. Simon hatte noch nie einen Menschen so trauern sehen wie Geneviève um Daniel. Es brachte sie beinahe um. Innerhalb weniger Wochen hatte sie so stark abgenommen, dass ihre Kleider um sie herumschlackerten. Sie war extrem schwach gewesen und war bei jedem Geräusch zusammengezuckt. Einmal hatte er sie gefunden, versteckt hinter ihrem Bett, das Gesicht tränenüberströmt.

Doch dann, ganz langsam, war Geneviève allmählich wieder sie selbst geworden. Sie hatte wieder angefangen zu essen und ab und zu stahl sich ein Lächeln auf ihr Gesicht. Ihre überraschend blauen Augen begannen wieder zu strahlen. Anscheinend hatte sie ihren Frieden wieder gefunden.

Simon fuhr sich mit der Hand über das Gesicht und ging zu dem Zimmer, das er sich mit Aaron teilte. Während er sich im Dunkeln umzog, wünschte er sich zum tausendsten Mal, Geneviève würde einer Heirat mit ihm zustimmen. Dabei wusste er genau, dass sie ihn niemals so ansehen würde, wie sie Leuchtender Stern angesehen hatte. Er boxte in sein Kopfkissen und zwang sich zur Zurückhaltung. Er würde sie nicht drängen. Er würde ihr alle Zeit lassen, die sie brauchte. Mit Gottes Hilfe würde er Geduld haben.

Aber Gott im Himmel - wie sehr er sie liebte! Wie sehr er sich danach sehnte, sie ...

Das geht nicht.

Bevor er einschlief, beschloss Simon nach Davenport zu gehen.

4

Ein Dummkopf hält alles, was er tut, für richtig.
Sprichwörter 12,15

„Hast du vollkommen den Verstand verloren?“, rief Major Elliot Leighton und wäre beinahe von dem eleganten Sessel im Esszimmer seiner Mutter in New York aufgesprungen.

Margaret Leighton sah ihren Sohn an und nickte mit dem Kopf zu dem Mädchen, das gerade den Kaffee brachte.

Elliot griff sich eine Damastserviette und wischte sich den Mund ab. Dann glättete er seinen schwarzen Schnurrbart. „Was ist nun mit dem Kaffee, Betsy?“, fuhr er das Dienstmädchen an. Dieses errötete und schenkte schnell zwei Tassen ein.

Weder Elliot noch seine Mutter sagten etwas, bis Betsy den Raum verlassen hatte. Nachdem er zwei Stücke Zucker in seinen Kaffee gerührt hatte, sagte Elliot: „Das kann nicht dein Ernst sein, Mutter. Es ist absolut undenkbar, dass die Kinder meiner Schwester in der Wildnis von Dakota aufwachsen – erzogen von einer halben Wilden!“

Margaret verschluckte sich an ihrem Kaffee. „Geneviève ist wohl kaum eine Wilde, Elliot! Glaub mir, ich hatte zuerst auch meine Bedenken, als Ellen mir von ihr schrieb. Aber Geneviève ist eine wundervolle junge Frau. Alle waren von ihr sehr beeindruckt.“

Elliot schnaubte nur und spießte ein Stück Fleisch auf seine Gabel. Kauend sah er seine Mutter finster an.

Margaret fuhr fort: „Sie ist halb Französin, ihr Vater war sogar ein Adeliger! Miss Bartlett war voll des Lobes über sie. Du hast sie nie kennen gelernt, Elliot. Simon war nach Ellens Tod völlig aufgelöst. Wenn Geneviève nicht da gewesen wäre, hätte ich wirklich nicht gewusst, was aus Meg und Aaron geworden wäre. Sie hat ihn in diese Welt zurückgeholt und endlich hat er sich auch wie ein Vater verhalten. Wirklich, es war so rührend, Elliot!“

Vor Sarkasmus triefend sagte Elliot: „Du meinst, der große, allwissende, heilige Reverend Dane ist von seinem Thron heruntergestiegen?“

„Ja. Gott hat wirklich ein Wunder an ihm vollbracht. Und er hat Geneviève als Werkzeug benutzt. Die Kinder lieben sie. Sie ist ihnen wie eine Mutter, seit Ellen nicht mehr da ist. Ich bin der Meinung, dass Simon sie heiraten sollte!“ Während ihr Sohn wieder schnaubte wie ein Kutschenpferd, zog Margaret einen zerknitterten Umschlag auf der Tasche und schob ihn Elliot zu. „Hier, lies ihn selbst, mein Sohn. Dann weißt du, was die Kinder für sie empfinden.“

„Kinder haben keine Ahnung davon, was das Beste für sie ist“, sagte Elliot knapp. Er ignorierte den Umschlag und nahm sich stattdessen einen Keks. „Das hat mir jedenfalls meine Mutter erzählt, als sie mich gegen meinen Willen auf eine Militärakademie geschickt hat!“ Er sah sie aus eisigen grauen Augen an.

Margaret erbleichte und senkte den Kopf.

„Es ist schon gut, Mutter“, sagte er. „Ich will dir keine Vorwürfe machen. Am Ende hast du ja Recht behalten. Das Leben beim Militär passt zu mir ... oder sollte ich sagen, es hat zu mir gepasst? Was für ein Pech, dass ich die Familientradition der militärischen Ehren nicht weiter verfolgen kann.“ Er fuhr sich mit der Hand durch sein ergrautes Haar.

Die Geste schmerzte Margaret bis ins Herz. Sie hatte einen gesunden, jungen, schwarzhaarigen Mann in den Kriegsdienst verabschiedet. Sie hatten ihn erst nach Bull Run, dann nach Shiloh geschickt. Und am Blutigen Montag am Antietam hatte er seinen linken Arm verloren und sein Haar war weiß geworden. Daraufhin hatte man ihm einen Orden angeheftet und ihm dann seine Papiere ausgehändigt.

„Du hast deinem Land treu gedient, Elliot“, sagte Margaret sanft. „Ich bin sehr stolz auf dich. Dein Vater und dein Großvater wären es auch, wenn sie noch am Leben wären.“ Sie sah ihn an und sagte mit zittriger Stimme: „Was du deinem Land gegeben hast, war unbezahlbar.“

Elliot zuckte nur die Achseln und nahm einen Schluck Kaffee.

„Du hast dir den Ruf verdient, ein besonnener und mitfühlender Offizier zu sein, mein Sohn. Bitte lass nicht zu, dass dir das, was du über den Westen und die Indianer gelesen hast, dein Urteilsvermögen trübt."

Elliot senkte seine Gabel und hob die Zeitung an, die neben ihm auf dem Tisch lag. „Hier, hör dir das an, Mutter. Es ist ein Augenzeugenbericht von der Freilassung einer kleinen Gruppe von weißen Siedlern, die von den anderen getrennt und den ganzen Winter gefangen gehalten wurden: *Die armen Kreaturen weinten bei ihrer Befreiung vor Freude. Sie hatten lange auf unser Kommen gewartet, ständig den Tod durch die Hand ihrer gewalttätigen wilden Entführer vor Augen. Beinahe waren sie schon verzweifelt. Die Qualen, die in den Gesichtern der halb verhungerten und halb nackten Frauen und Kinder geschrieben standen, hätten das härteste Herz zum Schmelzen gebracht ...*"

Er legte die Zeitung hin. „Dieser Artikel besagt weiter, dass 500 Menschen in Minnesota ums Leben gekommen sind, und zwar auf die grauenhafteste Art und Weise." In seinen Augen flackerte nackter Zorn, als er sagte: „Wenn ich mir vorstelle, dass meine eigene Nichte und mein Neffe dem ausgeliefert waren ..." Er schüttelte den Kopf.

„Es gibt auch andere Geschichten, Elliot", sagte Margaret tapfer. „Geschichten von Heldentum und Mut."

„Oh ja, ich weiß. Die noblen Wilden, die die hilflosen Weißen beschützten!"

„Sei nicht so sarkastisch! Simon hat selbst geschrieben, dass ein Indianer die Kinder gerettet hat. Und zwar unter Gefährdung seines eigenen Lebens."

„Das spielt keine Rolle", sagte Elliot fest, „Ich war zu jung, als Ellen heiratete, als dass ich etwas gegen ihre schlechte Wahl hätte unternehmen können. Und als sie starb, war ich erst im Krieg und dann in diesem verdammten Krankenhaus. Aber jetzt werde ich nicht herumsitzen und nichts tun, während ihre Kinder in der Wildnis herumirren, mit ihrem Schwächling von Vater und seiner Halbblut-Konkubine!"

„Elliot!", rief Margaret entsetzt. „Hör sofort auf! Simon hat sicher seine Schwächen, aber er hat nichts getan, um so etwas zu verdienen. Er ist ein guter Vater und ein ernsthafter Prediger. Und Geneviève LaCroix ist eine junge Frau von makellosem Charakter!"

Elliot verzog das Gesicht. „Verzeih mir bitte, wenn ich mir eher vorstellen kann, dass der gute Reverend diese junge Dame aus ganz offensichtlichen Gründen gern in seiner Nähe hat!"

Margaret runzelte die Stirn. „Was meinst du damit?"

„Ich meine, dass er anscheinend der Meinung ist, nun lange genug um Ellen getrauert zu haben, und dass er sein Bett von einer hübschen jungen Frau wärmen lässt!"

Margaret zog scharf die Luft ein und erhob sich. „Das reicht, Elliot. Ich möchte dich bitten, in Zukunft solche unpassenden Äußerungen für dich zu behalten!"

Elliot murmelte eine halbherzige Entschuldigung.

Margaret setzte sich wieder und sagte: „Du scheinst mich für eine vollkommen Schwachsinnige zu halten, aber da liegst du falsch. Ich hatte monatelang Zeit, diese beiden Menschen zu beobachten, und ich sage dir, dass deine Einschätzung vollkommen aus der Luft gegriffen ist."

Elliot stand auf und goss sich noch einen Kaffee ein. „Dann bist du also froh darüber, dass der Reverend mit den Kindern durch die Wildnis zieht? Ist das ein passender Aufenthaltsort für deine Enkel?"

Margaret zögerte, dann schüttelte sie den Kopf. „Nein, froh bin ich sicher nicht. Ich hätte die Kinder gern in meiner Nähe und habe deshalb Simon vorgeschlagen, sie für eine Weile hierher zu schicken, damit sie eine gute Schulbildung erhalten."

Elliot nickte zufrieden. „Gut! Vielleicht haben wir unterschiedliche Motive, aber zumindest stimmen wir im Ergebnis überein. Aaron ist alt genug für die höhere Schule." Er ging zu seiner Mutter und legte ihr seine verbliebende Hand auf die

Schulter. „Ich fahre nach Westen und bringe Ellens Kinder nach Hause, wo sie hingehören."

„Du ... du tust was?", keuchte Margaret überrascht.

„Ich fahre nach Westen. Ich habe bereits meine Fahrkarte gekauft. Sobald meine Prothese fertig ist, breche ich auf. Ich habe lange genug herumgesessen." Er ging zur Tür, hielt aber noch einmal inne. „Wenn der Reverend sich wirklich so verändert hat, wie du sagst, wird er tun, was für die Kinder das Beste ist. Und das kann wohl kaum ein Leben unter Wilden sein. Das wird er sicher einsehen." Elliot klemmte sich die Zeitung unter den Arm. „Vertrau mir, Mutter. Alles wird gut."

5

Lügner sind Gott zuwider, aber an zuverlässigen Menschen hat er Gefallen.
Sprichwörter 12,22

„... sehen Sie, Reverend, und da mussten wir doch einfach kommen und schauen, ob das Kind unsere kleine Charlotte Marie ist.“

Der etwas verwahrlost aussehende Mann, der sich als Harlan Potts aus Dayton, Ohio, vorgestellt hatte, zog eine Packung Kautabak hervor. Als er den Mund öffnete, um sich ein Stück hereinzuschieben, unterbrach Simon ihn:

„Wenn Sie gestatten, Mr. Potts, in diesem Haus ist Tabakkonsum nicht erwünscht.“

Mr. Potts verzog das Gesicht und sein Adamsapfel hüpfte auf und ab. „Ach so, na klar“, nickte er dann. „’tschuldigung, Reverend, hätt’ ich mir ja denken können.“ Er steckte den Tabak wieder in die Tasche.

Simon versuchte seine Nervosität zu verbergen. Er sah aus dem Fenster und hoffte, dass das Picknick mit der Gemeinde Gen und die Kinder noch eine Weile vom Haus fern halten würde, bis ... bis ihm etwas eingefallen war. Er schickte ein Stoßgebet um Weisheit und Geduld zum Himmel. Ihre schlimmsten Befürchtungen waren eingetroffen. Nun, zumindest waren die Potts aufgekreuzt, bevor er nach Iowa aufgebrochen war, so dass Gen das nicht allein durchmachen musste.

Die vogelähnliche Frau mit den dunklen Ringen unter den Augen, die neben Mr. Potts saß, hustete ziemlich undamenhaft in ihr Taschentuch. Potts spürte Simons Blick auf sich ruhen und legte ihr unbeholfen den Arm um die Schultern. „Na, na, Sally, meine Liebe.“ Er sah Simon an. „Sie fühlt sich schon eine Weile nicht gut. Seit wir von dem schrecklichen Aufstand gelesen haben. Ihre eigene Schwester ... na, Sie wissen schon. Wir wären ja früher gekommen, aber wir hatten kein Geld für die Fahrt.“

„Wo, sagten Sie, lag noch einmal genau die Farm Ihrer Schwester?", wollte Simon wissen.

„Genau können wir das nicht sagen", sagte Potts und kratzte sich am Kinn. „Irgendwo in der Nähe der Missionsstation."

„Welcher - der Yellow Medicine oder der Redwood-Station?" Potts starrte ihn nur ratlos an und Simon sagte: „Die beiden Stationen liegen nur wenige Kilometer auseinander. In der Nähe von welcher waren ihre Verwandten - mehr südlich oder mehr nördlich?"

„Na ja", sagte Potts. „Sallys Leute haben nicht gerade regelmäßig geschrieben, wissen Sie. Eigentlich gab es nur einen Brief, in dem sie uns mitgeteilt haben, dass sie ein Stück Land bekommen haben und dass das Baby ein Mädchen sei."

„Wann können wir sie sehen?", unterbrach die Frau ihn plötzlich mit bittendem Blick. „Wenn ich das Kind sehe, weiß ich sofort, ob sie von meiner Schwester ist."

Simon räusperte sich. „Sie ist mit meinen Kindern auf einem Ausflug." *Und da sollen sie auch schön bleiben, Gott im Himmel!* „Wissen Sie, meine eigenen Kinder betrachten Hope als ihre kleine Schwester."

Im Flur erklangen Schritte und Gen kam mit Hope auf dem Arm herein.

Hope streckte die Ärmchen nach Simon aus und rief begeistert: „Papa!"

Simon erhob sich. „Wenn Sie mich kurz entschuldigen würden ..."

Doch bevor er Gen und das Baby schnell außer Sichtweite bringen konnte, sprang Potts auf und rief: „Das ist sie, stimmt's, Reverend?"

Instinktiv nahm Geneviève Hope schützend in die Arme.

„Komm herein, Geneviève", sagte Simon und sah sie entschuldigend an.

Mit pochendem Herzen ging Geneviève zu einem freien Stuhl und setzte sich. Sie sah Simon unsicher an.

Simon räusperte sich zum tausendsten Mal. „Die Potts haben meine Anzeige in der Zeitung gesehen. Wie es aussieht, hat Mrs. Potts' Schwester mit ihrem Mann irgendwo in der Nähe einer Missionsstation gelebt. Sie hatten ein kleines Mädchen. Mr. und Mrs. Potts hoffen nun ..."

Potts lehnte sich vor und sah Hope genau an. Dann blickte er zu seiner Frau. „Sie ist es, nicht wahr, Ma?", grinste er. „Genau das Gesicht von deiner Schwester." Er streckte die Hand aus, um die Wange des Babys zu streicheln.

Hope lehnte sich zurück und weinte.

Gen schaute von Simon zu den Potts und wieder zu Simon. Sie schluckte schwer. „Ich wollte sie gerade zu einem Mittagsschlaf hinlegen."

„Oh", sagte Mrs. Potts. „Nehmen Sie sie nicht so schnell weg. Kann ich sie nicht mal kurz halten?" Sie streckte die Hände aus.

Gen sah wieder zu Simon. Als er nickte, versuchte sie, sich aus Hopes Umklammerung zu lösen. „Ist schon gut, Hope. Sag Hallo zu den Potts." Trotz Hopes Protest gab sie das Kind an Mrs. Potts.

Hope wand sich und kreischte: „Mama! Mama!"

Schließlich setzte Mrs. Potts Hope auf den Boden und sie krabbelte sofort zu Gen.

„Na ja, sie braucht halt ein Weilchen, um uns kennen zu lernen", sagte Mr. Potts. „Haben Sie Charlotte Marie gerettet?", fragte er dann an Gen gerichtet.

Gen schüttelte den Kopf und wollte antworten, doch Simon ergriff das Wort: „Tatsächlich wurde sie von einem Dakota-Indianer namens Leuchtender Stern gerettet. Er hat Geneviève und meine Kinder aus der Gefangenschaft befreit und mit einem Kanu den Fluss heruntergebracht. Dabei haben Sie die Blockhütte entdeckt. Auf der Suche nach Nahrungsmitteln und Decken hat Leuchtender Stern dann die Leiche des Mannes bei der Scheune gefunden und im Haus die tote Frau. Sie hatte sich schützend um das Baby gerollt und war skalpiert worden. Zuerst dachte Leuchtender Stern, das Kind sei auch tot, doch Hope hatte nur geschlafen." Er atmete tief durch. „Leuchtender Stern und Geneviève haben die guten Leute begraben. Leider konnten sie nichts finden, anhand dessen man die Familie hätte identifizieren können." Er unterbrach sich. „Haben Sie Kinder, Mr. Potts?"

„Nein, Sally und mir ist dieser Segen verwehrt geblieben."

„Wo arbeiten Sie?"

„Wo es Arbeit gibt", sagte Potts ausweichend. „Ein- und Ausladen am Bahnhof, Transporte." Er schluckte. „Jetzt, wo die jungen Männer alle in den Krieg gezogen sind, gibt es jede Menge zu tun."

„Es ist eine schwere Zeit für unser Land", sagte Simon vorsichtig. „Der Bruder meiner verstorbenen Frau hat bei Antietam einen Arm verloren."

Potts reagierte schnell. „Ich hätte mich auch längst gemeldet, wenn es Sally nicht so schlecht gegangen wäre", sagte er hastig. „Doch dann wäre mir auch Ihre Anzeige entgangen!"

Simon nickte. „Wissen Sie, Mr. Potts, mein Sohn und ich sind mehrmals zu der Blockhütte gefahren und haben nach Unterlagen gesucht, um die Identität der Bewohner herauszufinden. Doch es gab nichts - keine Urkunden oder Papiere, nicht einmal ein Beleg über die Landzuteilung." Simon machte eine Pause. „Seit Monaten schalte ich Anzeigen in allen möglichen Zeitungen. Ich hatte es eben aufgeben wollen. Es ist wirklich erstaunlich, dass Sie die Anzeige erst jetzt gesehen haben, wo Sie sich doch solche Sorgen um die Angehörigen Ihrer Frau gemacht haben!"

Potts räusperte sich. „Na ja. Ich lese die Zeitung nicht so regelmäßig."

„Ach, komm, Harlan", sagte seine Frau. „Du kannst doch überhaupt nicht lesen!" Ihr Mann starrte sie zornig an und sie sah errötend nach unten.

Potts richtete sich auf. „Sally und ich waren den ganzen Winter flussaufwärts bei meinen Leuten. Wir sind erst letzten Monat nach Dayton zurückgekommen und da habe ich von Ihrer Anzeige gehört. Da bin ich natürlich gleich zum Zeitungsbüro und hab sie mir vorlesen lassen."

Simon nickte und erhob sich abrupt. „Geneviève, leg doch

Hope jetzt ein Weilchen hin, ja? Und ich ... ich mache uns einen Tee." Er sah fragend zu Potts. „Oder Kaffee?"

„Kaffee", sagte Potts mürrisch.

„Also Kaffee", nickte Simon, dann wandte er sich mit Gen zum Gehen. „Sie entschuldigen uns einen Moment."

Er spürte, wie Gen zitterte, als er ihr eine Hand auf den Arm legte. Hope war an ihrer Schulter schon halb eingeschlafen.

„Simon", flüsterte sie rau.

„Ich weiß."

Sie musste die Tränen zurückblinzeln.

„Bring Hope ins Bett, dann treffen wir uns in der Küche."

Gen legte Hope in ihr Kinderbettchen und deckte sie mit dem neuen Quilt zu, den sie und Miss Jane gemacht hatten. Verzweifelt schrie sie zu Gott: *Oh bitte, Herr, gib sie nicht diesen ... diesen Leuten! Das kann doch nicht dein Wille sein!* Schnell eilte sie hinunter in die Küche.

Simon hatte Wasser aufgesetzt. Als Gen hereinkam, setzte er an: „Sind die anderen Kinder ...?"

„Ja, sie haben viel Spaß. Ich bin nur nach Hause gekommen, weil Hope müde und quengelig war." Sie unterdrückte ein Schluchzen.

Simon legte ihr eine Hand auf die Schulter und schob ihr die Kaffeemühle hin. „Nicht weinen, Liebes."

Gen riss sich zusammen und holte das Geschirr. Dabei ließ sie eine Tasse fallen, die in tausend Teile zersprang. „Ich ... ich kann nicht", krächzte sie. „Ich kann keine Leute bedienen, die mein Herz brechen werden!"

Simon kniete sich vor sie hin und hob eine Scherbe auf. „Niemand wird dir das Herz brechen, Geneviève." Er sah ihr in die Augen. „Da stimmt etwas nicht. Die Potts widersprechen sich. Sie haben keinerlei Belege für einen Anspruch auf Hope." Er stand auf. „Hast du Mrs. Potts beobachtet, als ich die Szene beschrieben habe, die Leuchtender Stern vorgefunden hat? Die Frau hat geheult wie ein Kalb, als du ihr das Baby gegeben hast, aber als ich ihr schilderte, wie ihre eigene, angeblich so geliebte Schwester skalpiert und tot dalag, hat sie keine Miene verzogen.“ Simon schüttelte den Kopf. „Ich spüre ganz deutlich, dass da etwas nicht stimmt.“

„Was ... was können wir tun?“, stammelte Gen nervös.

„Ich überlege mir etwas. Und jetzt lass uns ihnen ihren Kaffee bringen.“ Als Gen das Tablett hochnehmen wollte, schritt Simon ein. „Das mache ich. Es reicht, wenn wir Mrs. Whitney eine kaputte Tasse beichten müssen“, sagte er mit einem Augenzwinkern.

*

Als Gen und Simon ins Wohnzimmer zurückkamen, zerdrückte Mrs. Potts eine Träne. „Das arme Waisenkind“, jammerte sie. „Arme kleine Charlotte Rose.“

„Sagten Sie nicht, Ihre Schwester hätte das Kind Charlotte *Marie* genannt?“, argwöhnte Simon.

Mit einem ängstlichen Seitenblick auf ihren Mann nickte Sally. „Ja, richtig, Charlotte Marie. Meine Schwester hieß Charlotte Rose, das habe ich eben wohl durcheinander gebracht.“

„Mr. Potts“, sagte Simon und reichte dem Mann eine Tasse Kaffee. „Ich muss Ihnen gestehen, dass es ein Schock für uns ist, Sie so plötzlich hier auftauchen zu sehen. Natürlich können wir Ihnen Hope nicht einfach so übergeben. Haben Sie irgendwelche Papiere dabei? Irgendetwas, das uns helfen könnte, Hopes Herkunft zu verifizieren?“

Potts machte schmale Augen. „Was für Papiere meinen Sie?“

„Nun, irgendetwas. Vielleicht eine Familienbibel mit Namen darin? Ein Kirchenbuch mit dem Taufeintrag? Etwas in der Art.“ Simon zwang sich zu einem Lächeln. „Sie sagten doch, Ihre Schwester habe Ihnen einen Brief geschrieben, in dem sie von dem Baby berichtete. Vielleicht haben Sie diesen Brief ja noch?“

Mrs. Potts sah gehetzt zu ihrem Mann.

Er schniefte nervös. „Nein, den haben wir nicht aufgehoben. Aber das da ist Charlotte Marie, oder ich will nicht Harlan Potts heißen!“

„Bitte fühlen Sie sich nicht angegriffen, Mr. Potts“, sagte

Simon beschwichtigend. „Es ist nur so, dass wir um des Kindes Willen vorsichtig sein müssen, Sie verstehen?"

Potts nickte widerwillig und lehnte sich etwas entspannter zurück.

„Schließlich würden Sie auch nicht wollen, dass wir Ihre Nichte an irgendjemanden aushändigen, der an unsere Tür klopft."

„Natürlich nicht", brummelte Potts.

„Dann lassen Sie mich Ihnen sagen, dass mich ein paar Dinge hier irritieren", sagte Simon und sah Potts sehr direkt in die Augen. „Sie wissen nicht genau, wo die Farm Ihrer Angehörigen ist. Sie haben den einzigen Brief nicht aufgehoben, den Ihnen Ihre geliebte Schwester geschrieben hat."

„Sehen Sie", begann Potts.

Doch Simon unterbrach ihn: „Sie müssen verstehen, Mr. Potts, dass wir Hope lieben, als wäre sie unser eigenes Kind. Tatsache ist, dass wir sie eigentlich überhaupt nicht hergeben möchten. Nicht, wenn wir nicht absolut davon überzeugt sind, dass wir es müssen."

Potts funkelte Simon an, dann schweifte sein Blick zu Gen. Er sah wütend aus. Mrs. Potts starrte auf ihre Hände.

„Mein Bericht davon, dass Ihr Schwager ermordet und ihre Schwester sogar skalpiert wurde, hat sie seltsam unberührt gelassen", fügte Simon hinzu.

„Ich wollte sie nicht beleidigen", sagte Potts mit einem Kopfnicken zu Gen. „Man sieht ja, dass sie eine halbe Rothaut ist." Er schaute wieder Simon an. „Und man sieht auch, dass Sie beide nicht verheiratet sind, also erzählen Sie mir nichts davon, dass Sie meine Charlotte Rose lieben, äh, Marie, meine ich. Falls die Kirche nicht inzwischen ihre Ansichten zur Ehe geändert hat, haben Sie überhaupt keinen Anspruch darauf, irgendjemandes Eltern zu sein!"

Simon erhob sich und sprach sehr kühl weiter: „Lassen Sie uns doch jetzt mal ehrlich sein, Mr. Potts. Wie viel Geld genau erwarten Sie von uns, damit Sie den nächsten Dampfer zurück nach Dayton nehmen – und zwar ohne Hope?"

Mrs. Potts wimmerte und hob das Taschentuch an die Augen. „Oh, meine arme tote Schwester ...!“

„Hältst du wohl den Mund?“, zischte Potts und stieß seine Frau mit dem Ellbogen an. Sie verstummte sofort. Er starrte Simon an, der seinem Blick standhielt. Dann sagte er: „Wir wollen dem Kind nichts Böses, stimmt's, Mutter?“

„Natürlich nicht“, schluchzte Sally.

Potts seufzte und starrte an die Decke. Nach einer Weile sagte er: „Man muss kein Genie sein, um zu erkennen, dass Charlotte Marie an Ihnen beiden hängt“, sagte er und leckte sich die Lippen. „Tatsache ist, jetzt sind wir hier heraufgefahren und haben gesehen, was für ein schönes Zuhause Charlotte Marie hier hat und alles ...“ Er räusperte sich.

„Wie viel, Mr. Potts?“, sagte Simon. „Sie haben keinen Nachweis, wer Sie sind, Sie haben überhaupt keinerlei Beweise oder Rechtsanspruch auf das Kind. Doch im Interesse einer friedlichen Einigung würde ich gerne die Zahl hören, die Sie im Sinn hatten, als Sie aufgebrochen sind.“

„Fünfhundert Dollar“, stieß Potts hervor. Seine Frau schnappte nach Luft, sagte aber nichts.

Simon nickte ungerührt. „Einverstanden. Ich werde rechtsgültige Papiere fertig machen lassen, um sicherzustellen, dass Sie es sich nicht anders überlegen. Können Sie sich heute Abend mit mir bei meinem Notar treffen?“

Potts nickte nur.

„Dann bringe ich Sie jetzt zur Tür“, sagte Simon und geleitete die beiden heraus.

Gen widerstand dem Drang, Simon um den Hals zu fallen, und wartete still in ihrem Sessel auf seine Rückkehr. Als einige Minuten vergangen waren, ging sie hinaus, doch er war nirgends zu sehen und sein Hut fehlte auf der Ablage der Garderobe.

„Mama! Mama!“

Mit einem letzten Blick auf die leere Ablage machte sich Gen auf den Weg zu Hope.

6

Denn im Zorn tut keiner, was vor Gott Recht ist.
Jakobus 1,20

Edward Pope hatte panische Angst vor den „Wilden". Er war ein schlechter Reiter und ein noch schlechterer Schütze. Doch er konnte kochen. Nicht lange nach ihrer Ankunft im Scoutcamp in der Nähe von Fort Ridgely hatte er sich bereits einen indianischen Namen erworben: „Gute Suppe". Mit vereinten Kräften bauten sie ihm ein verstärktes Zelt, das selbst einen zehn Jahre dauernden Schneesturm oder ein schweres Erdbeben überstanden hätte. Edward Pope wurde der unumstrittene Liebling aller Indianer im Camp.

„Mach dir keine Sorgen wegen der bösen Indianer, Gute Suppe", sagte Big Amos zu ihm. „Du musst ja nicht da rausgehen und sie jagen. Wir fangen sie und du erwartest uns mit gutem Essen."

Während die Wochen vergingen, begann Edward zu denken, dass „seine Jungs" wohl die Ausnahmen zu dem darstellten, was er über Indianer gehört hatte. Sie waren reinlich, ehrlich und seiner Ansicht nach außergewöhnlich mutig. Sie konnten besser mit Pferden umgehen als jeder Kavallerieoffizier, den er kannte. Mit offenem Mund sah er zu, wie sie ihre Version von Reitkunst zeigten und seitlich, unter oder hinter ihren rasend schnell über die Prärie galoppierenden Pferden herumturnten.

Popes Bewunderung erlebte ihren Höhepunkt, als er eines Abends beim Suppe ausgeben zu Big Amos sagte: „Meinst du, ich könnte Dakota sprechen lernen? Ich bin nicht besonders clever, aber ich würde mich gern auch mit den Jungs unterhalten, die kein Englisch können."

Big Amos riss die Augen auf und sah Hilfe suchend zu Daniel Leuchtender Stern, der hinter ihm in der Schlange stand. *„Wicaste kin waste!"*, sagte er und nickte zu Pope. *Er ist ein guter Mann!*

Als alle gegessen hatten, gingen Daniel und Big Amos zu Popes Zelt und begannen mit dem Dakota-Unterricht.

Daniel hob die linke Hand und streckte den Daumen aus. *„Wanca"*, sagte er. Als Pope ihn nur ratlos anstarrte, streckte Daniel den Zeigefinger aus und sagte *„Nonpa."*

„Ach so", begriff Pope. „Du bringst mit bei, auf Indianisch zu zählen!"

„Auf Dakota", betonte Daniel und wiederholte die Zahlworte, bis Pope sie fehlerfrei nachsprechen konnte: *„Wanca, nonpa, yamni, topa, zaptan ..."*

Nach einigen Minuten grinste Daniel Pope an und ahmte seinen Akzent nach, als er sagte: „Für jemanden, der nicht besonders clever ist, lernst du schnell!"

*

Der West Point-Absolvent Brady Jensen erlebte die schreckliche Szene im Kornfeld am Antietam zum tausendsten Mal wieder. Also gut, er war im Angesicht des feindlichen Ansturms geflohen. Na und? Wie viele andere Männer hatten dasselbe getan? Man nannte diesen Tag den Blutigen Montag. 12.000 Männer waren umgekommen. Jensen tat es Leid, dass sein Kommandant in der Verwirrung nach Jensens voreiligem Abgang einen Arm verloren hatte, doch zumindest lebte er noch, was mehr war, als er nach Jensens Meinung verdiente. Er dagegen war dazu verurteilt worden, einen Haufen Wilde in Minnesota zu hüten. Das war mehr, als ein Mann ertragen sollte – auch nicht einer, der in der Schlacht für einen Moment die Nerven verloren hatte.

Eigentlich hatte Jensen vorgehabt, sich mit dem einzigen anderen Weißen im Lager zusammenzutun. Doch Edward Pope war aus anderem Holz geschnitzt als Jensens West Point-Kameraden. Es schien ihn nicht zu stören, dass die Rothäute wie die Wilden mit ihren mickrigen Gäulen durch die Gegend galoppierten, Turnübungen machten und dabei herumschrien. Von militärischer Disziplin keine Spur. Dieser Pope hatte sogar angefangen, ihre dissonante Sprache zu erlernen - wenn man das Gestammel überhaupt Sprache nennen konnte. Da vor Anbruch des neuen Jahrhunderts sowieso alle Indianer auf dem Kontinent ausgelöscht sein würden, sah Jensen keine Veranlassung, diese Sprache zu lernen. Er hielt sich von den Scouts fern und vertraute darauf, dass Heiliger Tag seine Befehle korrekt übersetzte. Und bald würde die Armee sich besinnen und ihm wichtigere Aufgaben zuteilen.

„Sie sollten mit ihnen reden", drängte ihn Pope. „Was, wenn Heiliger Tag unterwegs ist und uns hier allein lässt?"

„Ohne mich verlässt niemand das Camp", schnappte Jensen.

Eines Nachts beobachtete Jensen ein Gespräch zwischen Daniel Leuchtender Stern und Heiliger Tag, das sich, ihren Blicken in seine Richtung nach zu urteilen, um ihn zu drehen schien. Er starrte über die Flammen des Feuers hinweg zu ihnen. Seit Wochen behandelten ihn diese Rothäute wie Ballast. Besonders dieser Daniel Leuchtender Stern und sein Freund Robert Lawrence. Jemand hatte Jensen erzählt, dass Lawrence ein ruchloser Mörder gewesen war, bevor er religiös wurde. Jetzt war Lawrence unterwegs zu General Sibley und würde erst in ein paar Tagen zurückkommen. Vielleicht war es an der Zeit, die Dinge mit Leuchtender Stern zu klären.

Brady trat gegen einen Ast, der aus dem Feuer ragte, und sah zufrieden zu, wie die Rothäute, unter ihnen Leuchtender Stern, aufsprangen, um sich vor dem Funkenregen in Sicherheit zu bringen.

„Was habt ihr über mich zu quatschen?", knurrte er und kreuzte die Arme vor der Brust.

Daniel sah nur kurz auf, zuckte die Achseln und starrte dann schweigend ins Feuer.

Jensen lehnte sich vor. „Ich weiß über dich Bescheid, Kerl. Du sprichst Englisch wie ein Weißer. Du kannst lesen und schreiben. Ich hab es nicht gern, wenn man über mich redet. Also mach den Mund auf, Leuchtender Stern. Was hast du über mich gesagt?"

Daniel seufzte. Dann stand er auf und ging hinüber zu den Pferden.

Jensen sprang ihn von hinten an und begann wild schreiend mit den Fäusten auf ihn einzuschlagen. Der Überraschungsangriff brachte Daniel aus dem Gleichgewicht. Er stürzte und beide gingen in einer Staubwolke zu Boden. Die anderen sammelten sich um die Kampfhähne und begannen sofort Wetten abzuschließen.

Als Jensen einen Treffer auf Daniels alter Schulterverletzung landete, schrie der Dakota vor Schmerz auf. Er schubste Jensen zur Seite und wollte aufstehen, doch Jensen war noch nicht fertig. Er zerrte ihn wieder herunter und Daniel hob die Arme vors Gesicht, um sich vor Jensens Hieben zu schützen. Als ihm klar wurde, dass Jensen nicht aufhören würde, begann er zurückzuschlagen und bald rollten sie sich wild im Gras.

Irgendwann kamen sie dem Feuer zu nah und sprangen beide schreiend vor Schmerzen auf: Jensen hatte sich die Hand verbrannt und Daniels Rücken war ebenfalls angesengt. Jensen stürzte zum Fluss, um sich die Hand zu kühlen, und Daniel eilte zu Popes Bunker. Mit einem Eimer Fett ging er hinunter zum Fluss.

Jensen zog seine Waffe. „Ich mag eine verbrannte Hand haben, aber ich bin immer noch Manns genug zu schießen!“, drohte er.

„Gut gekämpft“, sagte Leuchtender Stern zu Jensens Überraschung. Daniel ging zu ihm, ergriff seine Hand und steckte sie in den Fetteimer.

„Lassen Sie mich mal sehen“, sagte er dann und begutachtete Jensens Verbrennungen. „Nicht so schlimm. Sind Sie jetzt fertig mit dem Kämpfen?“

Jensen sah ihn an. „Das kommt darauf an, ob du fertig mit dem Schweigen bist. Ich weiß doch, was du denkst. Du hältst mich für einen Idioten, weil ich keine Spuren lesen kann.“

„Sie wissen nicht, was ich denke“, sagte Daniel. „Außer vielleicht eine Sache.“

„Und die wäre?“

„Sie kämpfen ziemlich gut“, sagte Daniel und dabei hob sich leicht einer seiner Mundwinkel.

*

Je wärmer das Wetter wurde, desto ruheloser fühlte sich Daniel. Sie waren im Februar aus Mankato gekommen, beinahe 120 Kilometer nach Westen geritten und hatten dort das Camp aufgeschlagen. Bisher waren sie auf ihren Erkundungsritten erst ein einziges Mal auf Spuren gestoßen, die von aufständischen Indianern stammen konnten, doch sie hatten zu nichts geführt.

Das Dasein als Scout erwies sich nur als eine andere Form der Gefangenschaft. Überall stießen sie auf Zerstörung. Niedergebrannte Höfe erinnerten sie auf Schritt und Tritt an das Geschehene. Obwohl sie keinen Zaun mehr um sich hatten, wurden die Scouts ständig von Brady Jensen beobachtet. Leuchtender Stern hatte gehofft, dass sich ihr Verhältnis nach ihrem Kampf verbessern würde, doch Jensen war immer noch voller Misstrauen, hielt es immer noch für unter seiner Würde, sich mit ihnen zu beschäftigen, und hasste Pope immer noch dafür, dass er es tat.

Es gab Tage, da regte Robert Lawrences treuer Glaube Daniel richtiggehend auf. Er zitierte Bibelverse und summte fromme Lieder, wenn sie gemeinsam unterwegs waren. Immer wieder erinnerte er Daniel daran, wie viel besser sie doch jetzt dran waren als in Mankato. Ständig fand er Grund zu Dankbarkeit.

Doch Daniel fand keinen Frieden.

Eines Morgens, als der Himmel in strahlendem Blau leuchtete, sattelte Daniel seinen Braunen und ritt allein aus dem Lager. Er folgte dem Fluss stromaufwärts, bis er eine Anhöhe erklommen hatte und auf die Überreste der Missionsstation Hazelwood hinabschaute. Er war von seiner eigenen, körperlich spürbaren Erschütterung über diesen Anblick überrascht. Dennoch ritt er hinunter und ließ sich von den Erinnerungen umspülen, die ihn mit diesem Ort verbanden.

Vor dem niedergebrannten Schulhaus lag ein versengtes Buch, das Daniel als Grammatik-Lehrbuch in Dakota erkannte. Zum ersten Mal fragte er sich, was wohl die Missionare bei alledem empfunden hatten. Auch ihr Leben war schließlich zerstört worden.

Robert Lawrence hatte davon gesprochen, im Camp einen Gottesdienst abzuhalten. Big Amos und der Koch hatten Interesse gezeigt. *Dr. Riggs wäre glücklich gewesen zu hören, dass nicht alle seine Schützlinge vom Glauben abgefallen sind*, dachte Daniel. Vielleicht sollten sie wirklich einen Gottesdienst abhalten. Vielleicht würde das helfen.

Daniel stieg vor dem Haus von Miss Jane ab. Der wilde Wein rankte bereits wieder an der verkohlten Fassade hoch. Daniel setzte sich auf den Boden und zog Etienne LaCroix' Skizzenbuch hervor. Doch Himmelsauges Gesicht machte ihn nur noch trauriger. Er klappte das Buch zu. Er hätte niemals herkommen sollen. Wahrscheinlich sollte er auch das Buch wegwerfen und aufhören, an Himmelsauge zu denken.

Daniel stieg wieder auf sein Pferd und ritt davon.

7

Er heilt alle,
deren Herz zerrissen ist,
und verbindet ihre Wunden.
Psalm 147,3

Simon hatte die Gaslampe in der Küche gerade lang genug angemacht, um Kaffee zu kochen, dann drehte er sie wieder ab. Er saß allein im Dunkeln, nippte an seiner Tasse und dachte über die Ereignisse der letzten Tage nach. Gleich würde er zur Kirche hinübergehen und das erste Kapitel des Philipperbriefes lesen. Die Tatsache, dass Paulus diesen Brief aus dem Gefängnis geschrieben hat, hatte ihn ganz neu berührt, und er las ihn seit einigen Tagen immer wieder und bewunderte Paulus' Fähigkeit, seine Gefangenschaft als Segen zu betrachten. Er hoffte, dass sich die Insassen von Davenport durch diesen Brief ermutigen lassen würden.

Ein Kommentar erwähnte die römischen Wachsoldaten, die durch Paulus mit dem Evangelium konfrontiert worden waren. Simon hatte noch nie darüber nachgedacht, aber nun fragte er sich, wie viele Soldaten wohl in Mankato von Jesus gehört hatten, weil die Gefangenen regelmäßig Gebetstreffen und Gottesdienste abhielten. Das war ein interessanter Gedanke, und Simon merkte, dass er sich langsam auf seinen Dienst in Davenport freute. Vielleicht würde Gott dort ja tatsächlich etwas durch ihn bewirken.

Im Moment war er aber ganz zufrieden damit, hier im Dunkeln zu sitzen und nachzudenken. Er hatte sein Bestes getan, um „seiner Berufung gemäß" zu leben, und er fühlte sich seltsam zuversichtlich in Bezug auf Genevièves Reaktion. Er hatte getan, was er für sie beide für das Beste hielt. Nein, er hatte nicht versucht, Gens Gefühle zu manipulieren.

Auf der Treppe erklangen Schritte. Simon nahm seine Bibel und stand auf, doch bevor er hinausgehen konnte, rief Gen seinen Namen. Er wandte sich um, als sie die Gaslampe anzündete. Anscheinend hatte sie sich in aller Eile angekleidet, denn ihr Haar war nicht aufgesteckt. Sie hatte den Zettel in der Hand, den er gestern Nacht unter ihrer Tür durchgeschoben hatte. Sie hielt ihn ihm entgegen und stammelte: „Ich ... wie ...“, sie ließ sich auf einen Stuhl sinken. „Wie kann das sein?“

Simon lächelte. „Es stimmt! Samuel Whitney hat der Unterzeichnung beigewohnt und die Potts sind schon unterwegs.“

„Und Hope bleibt bei uns?“, fragte Gen.

Er nickte. „Alles, was sie wollten, waren 500 Dollar.“

„Aber Simon, woher hattest du denn das Geld?“

Er blinzelte ihr zu. „Du wusstest wohl nicht, dass ich reich bin, was?“ Damit wandte er sich zum Gehen. „Es ist erledigt, das ist das Entscheidende. Ich bin zum Frühstück wieder zurück.“

Gen rief ihm nach: „Ich werde Samuel fragen, wenn du es mir nicht sagst!“

Er wandte sich wieder um. „Ich hatte etwas zur Seite gelegt“, sagte er vage.

„Wie bitte? Und letzte Woche haben wir uns noch gefragt, wie wir Aarons Schulbücher bezahlen sollen!“

Simon ging zu ihr. „Das Einzige, was du wissen musst, ist, dass Hope bei uns bleibt. Die Potts haben jeden Rechtsanspruch auf sie an mich übertragen, was bedeutet, dass wir sie jederzeit adoptieren können.“ Wieder wandte er sich zum Gehen. „Ich hoffe, es macht dir nichts aus, dass ich ihr meinen Nachnamen gegeben habe. Ich dachte, es ist leichter für sie, wenn sie denselben Namen hat wie Aaron und Meg.“

Gen starrte auf seine Hand. „Dein Ehering!“ Sie berührte das weiße Band an seinem Finger, wo der Ring gesessen hatte. „Oh Simon, du hast deinen Ehering verkauft?“

Er entzog ihr seine Hand und steckte sie in die Tasche. Doch Gen ließ nicht locker und spähte in die Innentasche seines Jacketts.

„Und die Taschenuhr. Was noch, Simon?“ Als er sie nervös ansah, weiteten sich ihre Augen entsetzt. „Ellens Ring? Der mit dem Diamanten? Oh Simon, den sollte doch Meg erben!“

„Sowohl Ellen als auch Meg hätten zugestimmt, wenn sie

die Situation gekannt hätten", sagte Simon fest. „Hopes Sicherheit ist wichtiger als Gold und Diamanten!"

Gen fiel ihm schluchzend um den Hals. Er hielt sie einen Moment lang fest, dann erschrak er vor seinen eigenen Gefühlen, als sich ihr Körper an seinen presste. Er schob sie behutsam von sich. „Nicht weinen."

Gen schniefte und gestikulierte zum Tisch. „Ich mache dir Frühstück."

„Na gut", sagte er unsicher und setzte sich. Er beobachtete ihr Profil, während sie das Frühstück zubereitete. Als sie sich umdrehte, um ihm Kaffee einzuschenken, sah er schnell zur Seite und spürte, wie er rot anlief.

„Lies mir vor", sagte sie und nickte zu seiner Bibel hin.

Er öffnete die Bibel und begann zu lesen: „*Immer, wenn ich für euch bete, bin ich voll Dank gegen Gott. In jedem meiner Gebete denke ich an euch, und es erfüllt mich mit Freude, dass ihr euch so eifrig für die Gute Nachricht einsetzt, seit dem Tag, an dem ihr sie angenommen habt, bis heute. Ich bin ganz sicher: Gott wird sein Werk, das er bei euch angefangen hat, auch vollenden bis zu dem Tag, an dem Jesus Christus kommt. Wenn ich an euch denke, bin ich voll Zuversicht. Ich kann gar nicht anders, denn ich trage euch alle in meinem Herzen ...*"

Gen fragte: „Wo steht das?"

„Im Philipperbrief. Paulus hat es im Gefängnis geschrieben. Ich habe mich in letzter Zeit viel mit diesem Brief befasst, weil ich dachte, er hilft vielleicht den Männern in Davenport."

Sie nickte. „Mir gefällt der Gedanke, dass Gott eine Sache anfängt und auch zu Ende bringt. Es ist tröstlich, dass er sich so in unser Leben einmischt." Gen hatte das Rührei fertig und stellte einen Teller vor Simon hin. Dann setzte sie sich neben ihn.

Die einfache Tatsache, dass sie neben ihm saß statt gegenüber, blieb nicht unbemerkt. Auch nicht der Glanz ihres schwarzen Haares. Simon murmelte ein Dankgebet und danach hing die Stille über ihnen wie ein Tuch, bis Meg mit Hope auf dem Arm hereinkam.

„Wir haben Frühstück gerochen“, sagte Meg gähnend.

Sie setzte Hope ab und die Kleine krabbelte auf Simon zu, der sie mit ausgestreckten Armen in Empfang nahm.

„Guten Morgen“, sagte Simon. „Wie geht es meinen Mädchen heute?“

„Hungrig!“, sagte Meg und setzte sich neben Gen an den Tisch.

„Papapa“, sagte Hope und tätschelte Simons Wange.

Gen und Simon tauschten einen Blick und zum ersten Mal sah keiner von beiden gleich wieder zur Seite.

*

Eine Woche später stand Simon wieder frühmorgens allein im Dunkeln. Er hatte alles gepackt und eine schlaflose Nacht verbracht. Alles deutete darauf hin, dass es Gottes Wille für ihn war, nach Camp McClellan zu gehen. All seine Gefühle sträubten sich immer noch dagegen. Er würde nicht dabei sein, wenn Hope richtig laufen lernte. Er würde es vermissen, die Diskussionen zwischen Meg und Aaron zu verfolgen, die seit neustem über theologische Fragen stritten.

Vor allem fürchtete Simon die Trennung von Gen. Ja, er wusste, dass es richtig war zu gehen. Wenn er Gottes deutlicher Stimme nicht gehorchte, wie konnte er sich da noch Christ nennen? Wenn er sich nicht von Geneviève fern hielt, wie sollte er verhindern, dass er sich wie ein verliebter Junge aufführte? Er hatte Miss Janes prüfende Blicke sehr wohl bemerkt. Wahrscheinlich hatte Gen ihr von ihrem Gespräch erzählt. Es war wirklich an der Zeit, etwas Abstand zu gewinnen.

„Im Nordwesten braut sich ein Sturm zusammen“, sagte Gen und trat neben ihn auf die Veranda.

Ihre Nähe brachte sein Herz zum Klopfen. „Ich bin längst weg, wenn dieses Unwetter hier ankommt. Und der Boden könnte dringend Regen gebrauchen.“

„Ich habe Kaffee gemacht“, sagte Gen. „Und in deine Satteltasche habe ich etwas Proviant gepackt.“

„Danke, meine Liebe", sagte er. „Sehr freundlich von dir."

„Ich wünschte, du würdest das nicht tun."

„Was denn?"

„Dieses *meine Liebe*", äffte sie ihn nach. „Und gestern, als du Aaron erklärt hast, warum er dich nicht begleiten kann, da hast du gesagt, er müsse auf *die Mädchen* aufpassen. Ich bin aber nicht einfach eins deiner Mädchen!"

„So habe ich es auch nicht gemeint", sagte Simon vorsichtig. „Entschuldige, wenn ich dich beleidigt habe."

Gen wandte sich ab. „Ich bin dann in der Küche."

Simon folgte ihr und sah zu, wie sie schnell und effizient das Frühstück für sie beide zubereitete.

Sie aßen schweigend, bis Simon sagte: „Wenn ich dich *meine Liebe* nenne, dann tue ich das, um eine liebevolle Anrede für dich zu haben, ohne die Grenze zu überschreiten."

„Die Grenze?", fragte Gen irritiert. „Irre ich mich oder hast du mir erst kürzlich einen Heiratsantrag gemacht?"

Er nickte. „Ja, aber ..."

„Ich habe dich um Zeit gebeten", unterbrach sie ihn. „Aber ich habe nicht verlangt, dass du in die andere Richtung übertreibst." Sie brachte ihre Teller zur Spüle. „Dies hier läuft nicht so, wie es sollte, Simon, und ich weiß nicht, was ich anders machen soll. Ich habe Miss Jane um Rat gefragt. Ich habe Nina Whitney gefragt. Und Gott. Aber es nützt alles nichts. Was soll ich tun?" Sie sah ihm direkt ins Gesicht.

„Du musst gar nichts tun", sagte Simon vorsichtig. „Du bist mir nichts schuldig." Er stand auf und ging zur Tür. Dort sammelte er sein Gepäck zusammen, drehte sich dann aber noch einmal um. „Ich werde im Camp nach Daniel Leuchtender Stern fragen, vielleicht weiß dort jemand etwas über ihn." Damit wandte er sich zum Gehen.

„Warte!", sagte Gen und eilte zu ihm. „Daniel wurde am 26. Dezember 1862 in Mankato gehängt. Es war ein Irrtum, aber er ist tot." Sie legte Simon die Hände auf die Brust. „Es ist Zeit, dass er nicht mehr zwischen dir und mir steht." Ihre Augen füllten sich mit Tränen. „Ich dachte, du wolltest das auch,

Simon. Aber du bist so weit weg und dann benutzt du dieses fürchterliche *meine Liebe*, so wie du es bei Ellen getan hast!" Sie erbebte. „Ich *hasse* diesen Ausdruck wirklich. Er ist wie eine Barriere zwischen uns und ..."

„Eine Barriere, die vorhanden sein muss!", sagte Simon abrupt.

„Aber warum?"

„Weil ich dir, *meine Liebe*, versprochen habe, dir Zeit zu lassen. Und wenn ich nicht ein paar Barrieren aufbaue, werde ich das schlicht und einfach nicht schaffen." Er schüttelte den Kopf und entfernte sich etwas von ihr. „Ich bin nicht besonders gut in solchen Dingen, das weißt du doch." Er sah sie verzweifelt an. „Wenn ich dich anschaue, denke ich, dass ich verrückt sein muss, auch nur an eine Heirat zu denken! Du bist die schönste Frau, die ich je gesehen habe. Wie könnte ich ..." Er unterbrach sich. „Ich habe kaum noch Haare auf dem Kopf. Die Reste sind schon grau und ich sehe noch älter aus, als ich ohnehin schon bin. Meine Nase ist zu groß, meine Augen sind zu klein. Ich habe in unzähligen Lebensbereichen kläglich versagt und in 39 Lebensjahren habe ich wenig Gutes zu Stande gebracht, außer vielleicht meine Kinder und Hope." Er umklammerte die Satteltaschen so fest, dass seine Knöchel weiß hervortraten. „Ich halte mich auf Abstand zu dir, weil ich es dir versprochen habe. Weil ich weiß, dass der Gedanke lächerlich ist, eine Frau wie du könnte für einen Mann wie mich etwas empfinden." Er lachte traurig. „Ich bin nicht der Typ Mann, in den sich wundervolle Frauen verlieben, Geneviève. Aber ich bin dir dankbar, dass du es zumindest in Erwägung gezogen hast."

Gen ballte eine Hand zur Faust und boxte ihn leicht. „Ich ... ich will keine Ehe eingehen, nur weil es so praktisch ist. Natürlich wäre es gut für die Kinder, aber ich will auch, dass es für *uns* gut ist." Sie sah zu ihm auf. „Ich möchte Leidenschaft, Simon. Wenn wir heiraten, sind wir auch noch zusammen, wenn die Kinder erwachsen und aus dem Haus sind. Ich möchte nicht am Tag nach Hopes Hochzeit über den Frühstückstisch schauen und mich fragen, wer der Mann da drüben ist. Es geht nicht, dass wir nur der Kinder wegen heiraten, und wenn sie erwachsen sind, ist der Grund für unser Zusammensein fort." Sie atmete tief durch und fuhr fort: „Mag sein, dass du nicht der schönste Mann von Minnesota bist. Na und? Was spielt das für eine Rolle? Wenn du Meg und Hope anlächelst, siehst du wundervoll aus. Deine Stimme hat einen anderen Tonfall bekommen, der mir sehr gefällt." Sie ergriff seine freie Hand. „Und ich mag deine Hände. Sie waren früher so weich, fast wie die einer Frau. Aber jetzt sind sie rau und schwielig geworden, und das gefällt mir." Sie hielt seine Hand weiterhin fest. „Übrigens stören Frauen Glatzen bei Männern weitaus weniger, als ihr denkt!"

Sie sah ihm so lange in die Augen, bis sie die Gefühle darin erkannte, die er so lange zu verstecken versucht hatte. Dann überraschte er sie, indem er sich zu ihr beugte und sie leicht auf die Lippen küsste. Sie schloss die Augen, doch der Augenblick war schon wieder vorbei, und Simon zog sich hastig zurück.

„Es tut mir Leid, ich ..."

Doch Gen schlang ihm einen Arm um den Hals und zog ihn zu sich. Sie küsste ihn noch einmal und sagte dann: „Du hast mir einen Heiratsantrag gemacht und dich dann total zurückgezogen. Ich musste doch wissen, ob ..."

„Nun, jetzt weißt du es. Ich liebe dich. Ich liebe es, wie dein Haar im Feuerschein glänzt, wenn du den Kindern abends vorliest. Ich liebe den Klang deines Lachens." Er umarmte sie fest. „Alles in allem bist du eine große Ablenkung von den ernsthaften Pflichten eines alten Missionars."

Gen lächelte ihn an. „Miss Jane hat gesagt, ich soll beten und abwarten. Ich habe gebetet, aber im Abwarten bin ich offensichtlich nicht sehr gut."

„Und wer hat dir den Rat gegeben, mich in diese Falle zu locken und meine sorgsam gehüteten Gefühle zu offenbaren?", fragte er.

„Wenn Sie von anderthalb Küssen sprechen, Reverend Dane", grinste sie, „nun, das habe ich mir selbst ausgedacht."

„Sie sollten öfter auf sich hören, Miss LaCroix“, sagte er und legte ihr eine Hand an die Wange. „Und nun mache ich mich auf den Weg nach Camp McClellan, obwohl ich genau das nicht will.“

„Nina hat gesagt, dass sie und Mr. Whitney sich beinahe nur durch Briefe kennen gelernt haben.“

Simon räusperte sich nervös. „Ich bin nicht so gut darin, einer Frau den Hof zu machen, Geneviève.“

Sie hob eine Augenbraue. „Nun, dann wirst du es eben lernen müssen, Simon.“

„Ja“, nickte er gehorsam. „Das werde ich wohl.“

8

Drei Dinge sind mir ein Geheimnis, und auch das vierte kann ich nicht erklären: der Flug des Adlers am Himmel, das Gleiten der Schlange über eine Felsplatte, die Fahrt des Schiffes auf weglosem Meer und die Liebe zwischen Mann und Frau.

Sprichwörter 30,18-19

4. Juli 1863

Meine Liebe,

diese Anrede benutze ich nicht, um dich zu ärgern, sondern um dich daran zu erinnern, dass du in meinem Herzen bist ...

Simon las die Worte, die er soeben geschrieben hatte, dann zerknüllte er das Papier und warf es wie seine Vorgänger in den kleinen Herd in der Ecke.

Er war seit einigen Wochen in Davenport in Iowa, hatte aber erst einen Brief geschrieben – eine traurige Erinnerung an den „alten Simon", formell, distanziert und kühl. So etwas konnte er Geneviève nicht noch einmal antun, wo sie doch gesagt hatte, dass sie per Brief umworben werden wollte.

Er seufzte. Das Leben hielt so viele Unwägbarkeiten bereit. Als er Geneviève festhalten wollte, war sie distanziert gewesen. Nun, als sie willens war, die Trennung zwischen ihnen zu überwinden, konnte er nicht die richtigen Worte finden. *Hilf mir, Herr. Ich habe das Gefühl, dass sie dein Geschenk an mich ist, aber ich weiß nicht recht, wie ich es anfangen soll. Du kennst mich, Vater. Mit Ellen war alles so anders, wir haben selten unsere wahren Gefühle gezeigt. Geneviève würde das nicht gefallen. Sie ist ganz anders. Ganz wunderbar. Zeig mir, wie ich sie umwerben kann, ich bitte dich!*

Er ging zu seiner Bibel, schlug das Hohelied Salomos auf und begann zu lesen.

Das Donnern vieler Hufe draußen kündigte den ersten der beiden täglichen Ritte der Kavallerie zum Fluss an, wo die Pferde getränkt wurden. Simon hatte das Gefühl, dass der Staub hier überallhin kroch. Selbst zwischen den Zähnen knirschte es ständig. Er lockerte seinen Kragen, sandte ein weiteres Stoßgebet zum Himmel und begann erneut zu schreiben:

Meine Liebe,

wenn ich dir in diesem Brief einfach nur die Lage hier und die Stadt Davenport schildern wollte, hätte ich nicht schon zehnmal angefangen und die Entwürfe weggeworfen.

Hast du eine Ahnung, wie schwer es mir fällt, mein altes Ich zur Seite zu schieben und dir freie Sicht auf den Mann zu ermöglichen, der dich liebt? Der alte Simon Dane hätte sich nie auf so etwas eingelassen - einer Frau schriftlich den Hof zu machen! Doch dieser alte Simon war ein Idiot, der mit einer Frau gesegnet war, die er nicht verdient hatte. Überraschenderweise wiederholt sich die Geschichte in diesem Punkt und wieder habe ich das Interesse einer Frau, die ich keineswegs verdiene. Wie kommt es nur, dass Gott mich in diesem Bereich nicht nur einmal überreich gesegnet hat, sondern anscheinend gleich zweimal?

Ich merke gerade, dass dieser Brief sich wohl nicht zum Vorlesen für die Kinder eignet. Aber ich vertraue darauf, dass du ihnen nur die passenden Stellen offenbaren wirst. Ach, wie sehr ich sie vermisse! Gestern habe ich auf dem Heimweg durch die Fenster eines Hotels eine Familie beim Essen gesehen. Vor lauter Sehnsucht nach den Kindern tat mir richtig das Herz weh.

Schweißperlen sammelten sich auf Simons Stirn. Er öffnete das Fenster, doch kein Lüftchen bewegte die Hitze draußen und der Lärm trug nicht gerade zu seiner Konzentration bei.

Die Stadt ist nicht schön. Es ist heiß und der Staub ist überall. Gott sei Dank muss ich nicht Staub wischen; Miss Jane würde verrückt werden!

Das Gefangenencamp liegt auf einem Hügel. Die Baracken sind reichlich wacklig und ich kann nur hoffen, dass der nahe Wald die Gefangenen im Winter etwas schützen wird.

Die Männer leben in einem eingezäunten Areal mit vier Gebäuden - ehemalige Militärbaracken, allerdings ohne Betten. Zwei der Gebäude sind mit Gefangenen belegt, eins dient als Lazarett und Quartier für die Frauen (etwa ein Dutzend Dakota-Squaws sind zum Kochen und Wäsche waschen hergebracht worden).

Die meisten Männer hier sind um die dreißig, obwohl es auch einige sehr alte Männer gibt, von denen ich annehmen muss, dass sie den nächsten Winter nicht überstehen werden.

Ich würde dir gern mehr schreiben, aber ich muss jetzt zum Dienst.

Ich vermisse dich schrecklich! Viele liebe Grüße an die Kinder.

Im nächsten Brief schilderte er ihr begeistert den geistlichen Aufbruch im Lager:

Wir halten dreimal täglich Bibelstunden ab. Gott tut wirklich große Dinge hier und hat seine Kinder in ihrer Not nicht vergessen. Chaska, ein neu bekehrter Dakota, spricht bei vielen dieser Treffen. Er ist ein begabter Redner und stellt das Evangelium in erstaunlich klarer und verständlicher Form dar. Seine Zuhörer bringen ihm den größten Respekt entgegen und ich konnte immer wieder beobachten, wie sich die Männer spontan gegenseitig ermutigten und sich über ihre neu gewonnene Freiheit in Christus austauschten.

Ansonsten schreiben die Dakota viel an ihre Familien in Crow Creek oder stellen Pfeile und Bogen her, für die in Davenport ein reger Markt entstanden ist. Es gibt sogar Ge-

rüchte, dass kleinen Gruppen der Gefangenen unter Aufsicht gestattet werden soll, den umliegenden Farmen im Herbst bei der Ernte zur Hand zu gehen.

Die Gefangenen werden nicht schlecht behandelt und sie scheinen ihr Los akzeptiert zu haben. Gerade gestern sagte ein Dakota zu mir, dass er einsehe, dass jemand den Preis für all die toten Weißen bezahlen müsse und dass er seine Gefangenschaft als Strafe für die Missetaten seiner Brüder betrachten würde.

Ich bekomme mehr, als ich gebe, indem ich unter diesen Männern diene. Ihr entschlossener Glaube beschämt mich. Ich wünschte, ich könnte so genügsam und zufrieden sein wie sie. Doch ich bin es nicht, denn ich bin weit weg von der Person, die mein Herz begehrt, und von meinen Kindern.

Bitte schreib mir genau, welche Wörter Hope täglich lernt und was Meg in der Schule gerade beigebracht bekommt. Und sag Aaron, dass ich ein ernstes Wörtchen mit ihm zu reden habe, falls er es wagt, in meiner Abwesenheit größer zu werden als ich!

Ich vermisse dich so sehr. Und doch bin ich an dem Ort, an dem Gott mich haben will. Sage mir, Geneviève, kann es sein, dass eine Trennungszeit die Gefühle noch verstärkt?

Im Laufe der Zeit wurde Simon in den Feinheiten der schriftlichen Werbung um Geneviève immer besser. Er begann Risiken einzugehen und Beobachtungen und Gefühle mitzuteilen, die er Gen früher nie gesagt hätte.

Gen antwortete treu mit Anekdoten der Kinder, Neuigkeiten aus St. Anthony und dem Ausdruck genereller Zuneigung gegenüber Simon.

Als der kriegerische Häuptling Kleine Krähe beim Beerenpflücken in der Nähe von Hutchinson gestellt und getötet wurde, empörte sich Gen darüber, dass seine Leiche auf einem Schlachthof in die Grube mit Eingeweiden geworfen wurde. „Welche Verbrechen er auch immer begangen haben mag“, schrieb sie, „so ist er doch ein Mensch gewesen, von Gott ge-

schaffen, und verdient es allein deshalb, mit einem gewissen Respekt behandelt zu werden."
Simon stimmte ihr zu.

Eine Belohnung von 75 Dollar wurde für jeden ausgesetzt, der beweisen konnte, dass er einen Sioux-Krieger getötet hatte. „Mich schaudert bei dem Gedanken, was daraus entstehen kann!", schrieb Gen.

Kleine Gruppen von feindlich gesonnenen Sioux überfielen immer noch in den entlegenen Gegenden von Minnesota weiße Farmen. Ein Soldat des 2. Regiments von Nebraska verlor seine gesamte Familie bei einem solchen Überfall, während er unter Sibley kämpfte.

Gen und Simon diskutierten über all diese Dinge in ihren Briefen und während sie ihre Gedanken miteinander austauschten, wuchsen ihre Herzen Stück für Stück zusammen. Simon bat sie, für ihn zu beten, und langsam gelang es ihm, ihr seine innersten Gedanken mitzuteilen, was nur in der Sicherheit der physischen Distanz möglich war. Sie öffneten sich einander immer mehr, bis Gen eines Tages bei Simons Schilderung des Sterbens von einem der alten Insassen in Tränen ausbrach.

Sie schrieb ihm zurück: „... es war beinahe, als könnte ich spüren, wie es dir das Herz brach. Ich wünschte, ich könnte jetzt bei dir sein, mit dir trauern und dich festhalten, während wir gemeinsam weinen ..."

*

„Was ist los?", fragte Miss Jane und sah von der Socke auf, die sie gerade strickte. „Stimmt etwas nicht?"

„Es ist nichts", sagte Gen schnell und starrte auf Simons neuesten Brief.

Miss Janes Stricknadeln flogen nur so, während sie über den Rand ihrer Brille zu Gen blickte.

Diese schüttelte den Kopf. „Wirklich, es ist nichts."

Miss Jane nickte und stand auf. „Nun denn, ich gehe ins

Bett." Von der Tür aus sagte sie: „Timothy und Rebecca brauchen neue Schuhe und ich habe ihnen versprochen, morgen mit ihnen einkaufen zu gehen. Können Meg und Hope mitkommen?"

Keine Antwort.

„Miss LaCroix?"

Gen schrak zusammen. „Oh, Entschuldigung. Was sagtest du?"

„Na, das *Nichts* scheint ja mächtig ablenkend zu sein!"

Gen lief rot an. „Es ist nur ... er schreibt über eine Dakota dort. Hör mal:

Eine der Frauen hier im Lager ist recht hübsch und trägt bessere Kleidung als die anderen. Die Soldaten flirten mit ihr, doch sie nutzt diese Aufmerksamkeit lediglich, um Vorteile für die anderen Frauen herauszuschlagen. Sie sagt, sie sei in Hazelwood gewesen und habe dort nur Gutes erfahren. Sie interessiert sich sehr für das Evangelium und hört aufmerksam zu, wenn ich lehre, und das tut mir gut ..."

Miss Jane lachte leise in sich hinein. „Du bist eifersüchtig!"

„Das ist doch lächerlich!", protestierte Gen. „Ich mache mir nur Sorgen um Simons Ruf. Ein Missionar, der allein im Dienst steht, muss vorsichtig sein. Hör weiter:

Sie sagt, ihr Name ist Mondlicht, und sie ist enttäuscht, dass ich mich nicht an sie erinnern kann. Sag mir, meine Liebe, wusstest du, dass Cloudman eine Tochter ungefähr in deinem Alter hatte? Sie hat ein aristokratisch wirkendes Gesicht und auffällig langes, glänzendes Haar, das ihr beinahe bis zu den Waden reicht.

„Du solltest ihm schnell zurückschreiben und zwar so emotional, wie du dich traust", sagte Miss Jane und lächelte wissend. „Und du *bist* eifersüchtig!"

Gen errötete wieder. „Ja, vielleicht. Ein bisschen."

9

Ich will mich
an etwas anderes erinnern,
damit meine Hoffnung
wiederkommt:
Durch Gottes Güte
sind wir noch am Leben,
denn seine Güte
hört niemals auf.
Klagelieder 3,21-22

„Was hast du in meinem Maisfeld zu suchen?"

Daniel Leuchtender Stern stand so reglos wie möglich da und versuchte mit fester Stimme zu sagen: „Ich bin ein Armee-Scout. Sie sehen ja die Uniform."

Die kalten Augen des Farmers weiteten sich, als er die englische Antwort hörte. Er inspizierte Daniels blaue Jacke. „Ich habe von Sibleys Scouts gehört. Aber soweit ich weiß, sind die Truppen längst weg."

„Ich habe ein Schreiben von General Sibley", sagte Daniel gezwungen ruhig. Er deutete auf seine Tasche. „Hier drin. Kann ich es Ihnen zeigen?"

„Dreh dich um", winkte der Farmer mit seinem Gewehr.

Langsam wandte Daniel ihm den Rücken zu. Er fühlte, wie ihm der Schweiß ausbrach, während der drahtige Mann vorsichtig in die Tasche griff und den Zettel herausholte.

„Also gut", sagte er dann. „Kannst dich wieder umdrehen." Dann las er, was in dem Schreiben stand:

Der Überbringer dieses Briefes, Daniel Leuchtender Stern, ist ein zivilisierter Sioux, dem der Dank des amerikanischen Volkes zusteht, weil er im Indianeraufstand von Minnesota weiße Frauen und Kinder gerettet hat. Er wurde als Scout für die Armee eingestellt.
Unterzeichnet General H.H. Sibley.

„So, du hast also weiße Frauen und Kinder gerettet?"

Daniel nickte. „Ich habe getan, was mir möglich war."

Der Farmer faltete den Brief ordentlich zusammen und steckte ihn in seine Brusttasche. Dann winkte er wieder mit dem Gewehr. „Du kannst die Hände runternehmen, aber mach keine plötzlichen Bewegungen. Du bist also ein Scout. Aber was machst du in meinem Maisfeld?"

„Seit dem Tod von Kleine Krähe gibt es Gerüchte, dass feindliche Dakota wieder nach Minnesota zurückkehren würden."

Der Farmer nahm seinen Hut ab und wischte sich mit dem Ärmel über die Stirn. „Das weiß ich, aber was hat das mit dir zu tun?"

„Sie haben beschlossen, die Scouts in zwei Camps aufzuteilen. Drei von uns sind in Fort Ridgely geblieben, um beim Schutz der zurückkehrenden Siedler zu helfen. Gestern hat jemand ein totes Dakota-Kind gefunden, das auf die traditionelle Art hoch oben in einem Baum bestattet worden war. Captain Willets hat uns hergeschickt, um die Sache zu überprüfen."

„Uns?" Der Farmer sah sich misstrauisch um.

Daniel nickte zu dem Maisfeld hinter ihm. „Mein Freund Robert Lawrence ist da irgendwo und hofft, dass Sie mich nicht erschießen."

„Dann komm mal raus, Robert Lawrence", rief der Farmer und wartete ab. Am anderen Ende des Feldes bewegten sich einige Maisstauden. Der Farmer wiederholte: „Komm raus. Ich sehe, wo du bist, und werde nicht schießen."

Als Robert neben Daniel stand, fragte der Farmer: „Wieso passen eure Uniformen nicht zusammen?"

„Sie haben uns gegeben, was sie übrig hatten", sagte Robert.

„Ich habe von diesem toten Kind gehört. Die Stelle ist auf dem Grundstück von meinem Nachbarn, unten am Bach." Er erschauderte und nickte dann zu Robert. „Hast du auch so einen netten Brief vom General persönlich?"

Robert nickte.

„Zeig her."

Der Farmer las auch Roberts Zettel sorgfältig durch und

steckte ihn zu dem anderen in die Tasche. „Seid ihr zu Fuß von Fort Ridgely gekommen?"

Robert schüttelte den Kopf. „Wir haben unsere Pferde da drüben angebunden. Sie sind noch nicht so gut eingeritten und wir wollten Ihnen nicht Ihre halbe Ernte niedertrampeln."

Auf den überraschten Blick des Farmers hin erklärte Robert achselzuckend: „Wir hatten vor dem Aufstand unsere eigenen Farmen. Es hätte mir auch nicht gefallen, wenn jemand auf halbwilden Pferden durch meine Felder geritten wäre."

„Habt ihr irgendwelche Spuren auf meinem Land gefunden?"

Robert nickte. „Vor ein paar Tagen sind einige Dakota hier durchgekommen. Vermutlich eine kleine Gruppe Frauen. Möglicherweise mit einem halbwüchsigen Jungen – das würde erklären, wie sie die Kinderleiche so hoch in den Baum bekommen haben. Wir folgen ihnen und bringen sie zum Fort."

Der Farmer runzelte die Stirn. „Woher wollt ihr wissen, dass es Frauen waren?"

„Krieger reiten ausschließlich Hengste", sagte Daniel. „Diese Gruppe hatte nur eine einzige Stute dabei, die auch noch lahmte." Als der Farmer immer noch zweifelnd dreinschaute, erklärte Daniel ihm, wie er das Geschlecht eines Pferdes an den Spuren ablesen konnte.

Der Farmer schüttelte den Kopf. „Da soll mich doch der Beelzebub holen! Und wenn es nun Krieger mit Hengsten gewesen wären, was würdet ihr dann machen?"

„Sie nach Fort Ridgely bringen."

„Und wenn sie nicht mitkommen wollten?"

„Dann würden wir schießen."

„Was? Ihr würdet Leute aus euren eigenen Reihen erschießen?"

„Ein Krieger, der darauf aus ist, wehrlose Weiße zu töten, gehört nicht zu unseren Reihen."

Der Farmer studierte die beiden Indianer ganz genau, ihre schlecht sitzenden Uniformen, die mageren Schultern. „Habt ihr zwei Hunger?", fragte er dann abrupt.

Daniel wollte Nein sagen, doch in diesem Moment knurrte sein Magen laut und er grinste nur achselzuckend.

„Holt eure Gäule und kommt zu meinem Haus“, sagte er. „Meine Frau hat gerade einen Kuchen gebacken.“

Sie zögerten.

„Kommt schon! Meine Marjorie ist nicht so ein ängstliches Frauchen, das beim Anblick von Indianern in Ohnmacht fällt!“ Er grinste schräg. „Mein Großvater war mit Häuptling Paducah in Kentucky befreundet. Wir haben nie schlechte Erfahrungen mit Indianern gemacht und unsererseits immer versucht, ihnen zu helfen.“ Er wandte sich zum Gehen und Robert und Daniel bemerkten, dass er hinkte.

Robert und Daniel holten die Pferde und folgten dem Mann zu seinem Haus. Als sie ankamen, war er gerade damit fertig sich zu waschen. Er streckte ihnen die Hand hin. „Jeb Grant.“ Eine dunkelhaarige Frau trat aus der Tür und er stellte sie vor: „Meine Frau Marjorie.“

Marjorie errötete, als Daniel und Robert sich vorstellten. „Setzen Sie sich doch hier draußen hin“, sagte sie und deutete auf eine grob gezimmerte Bank im Schatten des Hauses. „Ich hole den Kuchen.“ Damit verschwand sie im Haus.

Jeb gab ihnen ihre Briefe zurück. „Auf die passt ihr besser gut auf.“

Marjorie kam mit dem Kuchen und Tellern heraus und gab jedem der Männer ein Viertel des Kuchens. Als sie fertig waren, holte sie noch einen Laib Brot aus dem Haus. „Nehmen Sie den mit“, sagte sie und reichte ihn Robert. „Und wenn Ihre Frau herkommt, bringen Sie sie auf einen Besuch vorbei. Ich fühle mich hier draußen oft einsam.“

Robert und Daniel bedankten sich und ritten dann los. Oben auf dem ersten Hügel hielten sie an und blickten auf die Farm hinunter. „Er hat den Brunnen an der idealen Stelle gegraben“, stellte Robert fest.

Daniel nickte. „Ich frage mich, ob Mrs. Grant uns den Kuchen auch spendiert hätte, wenn sie gewusst hätte, dass sie ihn in Nancys Herd gebacken hat.“

Robert zuckte die Achseln und sie schauten gemeinsam in die andere Richtung, wo Daniels Farm gewesen war.

*

Als er nach Mankato geschickt wurde, um auf indianische Sträflinge aufzupassen, dachte Brady Jensen, den Tiefpunkt seiner Karriere erreicht zu haben. Doch er hatte sich getäuscht. Drei Wochen nachdem er mit General Sibleys Truppen aus Minnesota aufgebrochen war, fand er sich auf einem Wagen voller Squaws wieder, die er bei den verschiedenen Scout Camps entlang der Grenze abliefern sollte. Er würde genau da enden, wo er seine Laufbahn begonnen hatte – in Fort Ridgely.

Er hatte seinen Ohren nicht getraut, als es hieß, die indianischen Scouts bekämen zur Belohnung für ihre Dienste ihre Ehefrauen geschickt. Jensen war es leid, die niedrigsten Aufgaben zugeteilt zu bekommen, nur wegen des einen Fehlers, den er vor über einem Jahr gemacht hatte. Er war stinkwütend und das durfte auch ruhig jeder wissen. Als sie Fort Ridgely erreicht hatten, ließ er die beiden abgerissenen Weiber einfach im Wagen sitzen und stürmte ins Büro des Kommandanten.

Die Frauen sahen einander nervös an. Nancy nickte zu den niedrigen neuen Gebäuden hin. „Kleine Krähe muss die alten niedergebrannt haben." Sie kauerten im Wagen und hatten Angst, sich zu bewegen.

Dann tauchten aus Richtung Süden zwei Reiter auf. Nancy stieß ihre Begleiterin an, dann sprang sie aus dem Wagen und rannte auf die Neuankömmlinge zu. Und so wurde Robert Lawrence wieder mit seiner Frau vereint. Sie lagen sich lange in den Armen.

„Nicht weinen, meine kleine Frau", sagte Robert rau und hielt sie ganz fest.

Daniel stieg ab und hielt die Pferde fest.

„Wo sind die Kinder?", fragte Robert.

Nancy konnte nicht antworten. Sie vergrub das Gesicht an seiner Schulter und schüttelte den Kopf.

Robert schluckte schwer.

Nach einer Weile murmelte Nancy mit gebrochener Stimme: „Es gab so viele Krankheiten. Ich habe versucht, die Kinder von ihnen fern zu halten. Doch es war so kalt. Die Missionare haben getan, was sie konnten, aber es gab so viele Menschen und so wenig Hilfe. Clara bekam diesen Husten ...“ Nancy brach ab und begann wieder zu schluchzen.

„Schsch“, beruhigte Robert sie.

Daniel trat diskret zur Seite und begann mit Tränen in den Augen, die Pferde abzusatteln. Inzwischen war auch Big Amos zu ihnen gestoßen und wirbelte glücklich seine Frau herum. Die beiden hatten keine Kinder gehabt. Big Amos lachte lauthals und umarmte seine Frau wieder und wieder. Und Daniel musste an das Mädchen mit den blauen Augen denken, das er einst geliebt hatte.

Die Tränen strömten über Nancys Wangen, als sie ihren Mann ansah. „Ich habe sie verloren. Ich habe unsere Kinder verloren. Vergib mir ...“

Robert zog sie an sich. „Nicht“, murmelte er und schloss die Augen. Es gab sonst nichts zu sagen. Arm in Arm gingen sie zu Daniel und den Pferden.

Jensen kam mit Captain Willets aus dem Gebäude.

„Ich habe angeordnet, dass ein weiteres Zelt aufgestellt wird“, sagte Willets zu ihnen. „Wenn ihr über den Winter bleibt, bauen wir etwas Festeres. Lasst mich wissen, was ihr noch braucht. Und dann würde ich gern hören, was ihr da unten gefunden habt!“

10

In Notzeiten muss dir
dein Bruder helfen,
ein Freund steht dir immer bei.
Sprichwörter 17,17

Der Himmel war erst rosa angehaucht, als Amos Daniel früh am nächsten Morgen weckte. „Jensen hat gestern Abend ein paar Pferde zum Grasen rausgebracht. Sie sind abgewandert und der Captain will, dass wir sie suchen."

Daniel erhob sich und grinste, als er Amos' Frau aus dem Zelt lugen sah. „Du bleibst schön hier, ich kümmere mich darum."

„Bist du sicher?", fragte Amos hoffnungsvoll.

Daniel zog sich die Stiefel an. „Wenn du mir versprichst, das Baby Daniel zu nennen ..."

Er hörte, wie Amos' Frau Rosalie laut auflachte. Big Amos grinste breit und wollte etwas sagen, aber Daniel winkte ab und machte sich auf den Weg zu den Ställen. Er hatte gerade ein schlaksiges Maultier namens Hank gesattelt, als Brady Jensen hereinkam.

„Ich habe dem Captain gesagt, dass ich mich selbst um die Sache kümmere", sagte er schroff.

„Robert Lawrence und ich waren gestern draußen unterwegs und sind auf Spuren gestoßen. Soweit wir erkennen konnten, war es nur eine kleine Gruppe Frauen, aber Sie sollten nicht allein da rausgehen."

Jensen tätschelte sein Holster. „Das werde ich schon hinkriegen", sagte er und zog sein Pferd hinter sich her zum Ausgang.

Daniel brauchte eine Weile, bis er sich mit Hank auf einen holprigen Galopp geeinigt hatte. Er holte Jensen auf dem ersten Hügel ein und nickte in die entgegengesetzte Richtung. „Die Spuren führen da entlang", sagte er. „Eins von den Pferden hat ein loses Hufeisen. Allzu weit sollten sie nicht gekommen sein." Er wendete Hank und ritt los, ohne abzuwarten, ob Jensen mitkam.

Etwa eine Stunde verging, ohne dass er etwas von den Pferden sah. Er wollte gerade umkehren, als plötzlich zwei Sioux auftauchten und mit wildem Kriegsgebrüll auf ihn und Jensen zugaloppierten.

Sie waren zu weit vom Fort entfernt, um auf Hilfe hoffen zu können. Die einzige Möglichkeit war, zu Jeb Grants Farm zu reiten und zu hoffen, dass Jensen ein besserer Schütze war, als man annehmen konnte. Daniel schrie Jensen zu, ihm zu folgen, und trieb Hank an. Zum Glück hatte er zumindest das langbeinigste Maultier genommen, das sie im Stall hatten.

Die Sioux holten schnell auf, trotz Jensens wildem Geballere. Als sie in ein flaches Tal hinuntergaloppierten, sah Daniel Jensens entlaufene Pferde zur Rechten. Einer der Sioux ritt auf die Pferde zu, während der andere anscheinend mehr auf Skalps aus war. Als Daniel sich umsah, wusste er auch warum: Kein Pferd im Fort konnte sich mit dem prachtvollen cremefarbenen Hengst messen, den dieser Krieger ritt und der scheinbar mühelos über das raue Gelände flog.

Der Sioux kam rasch näher. Ein Pfeil pfiff so dicht an Daniels linkem Ohr vorbei, dass er die Federn an seiner Schläfe entlangstreichen fühlte. Er trieb Hank noch stärker an und sah sich um. Der Krieger zog eine lange Lanze hervor und stieß Jensen damit vom Pferd. Dann nahm er wieder Daniels Verfolgung auf.

Daniel wollte sich seitlich an sein Reittier hängen, doch der arme Hank war an solche akrobatischen Manöver nicht gewöhnt und begann unkoordiniert zu schreien und zu bocken, bis Daniel mit einem dumpfen Schlag auf dem Boden landete. Automatisch rollte sich Daniel zur Seite, stieß sich dabei aber den Kopf gewaltig an einem Stein und blieb einen Moment lang betäubt liegen.

Der Krieger sprang vom Pferd und stürzte zu Daniel, um ihn zu skalpieren. Doch dann trafen sich ihre Augen. Der Indianer grunzte überrascht und ließ Daniels Haare los. Dann ließ er sich rücklings in den Staub sinken und brach in lautes Gelächter aus, wobei er eine Zahnlücke entblößte.

Daniel setzte sich mühsam auf.

„Da habe ich in zwei Monaten endlich die Gelegenheit, einen Soldaten zu töten", keuchte Otter, „und dann ist es dummerweise mein alter Freund!"

Sie starrten sich eine Weile wortlos an, dann sagte Daniel: „Ich hatte gehofft, du wärst weit im Norden, frei und ungebunden."

Otter zuckte die Achseln. „Als sich ihm die anderen Häuptlinge nicht anschließen wollten, ist Kleine Krähe zurückgekommen. Einige von uns sind mit ihm gegangen." Otter deutete auf seinen Cremello-Hengst. „Wir haben gute Pferde erbeutet. Einige von uns sind auch getötet worden. Ich bin froh, dass du damals auf mich gehört hast. Gute Mutter wollte mir nicht sagen, wohin du gegangen bist."

„Ich habe die Kinder des Missionars und Himmelsauge in einem Kanu den Fluss hinunter nach Fort Ridgely gebracht. Dann bin ich zurück ins Camp gegangen, um den anderen zu helfen. Ich habe lange im Gefängnis gesessen."

Otter zog an einem der Knöpfe seiner Uniform. „Und jetzt dienst du ihnen?"

„Wir suchen unsere friedlichen Brüder und bringen sie in Sicherheit. Wir bewachen die Hilfslieferungen nach Westen." Er sah seinen Freund an. „Und wenn wir auf feindliche Dakota stoßen, sollen wir sie zum Fort bringen."

„Das wird nicht gehen, mein Freund", sagte Otter grinsend. „Du hast ja nicht mal eine Waffe."

„Und weil das so ist, wirst du mir vermutlich entkommen", sagte Daniel ruhig. „Ich werde ins Fort zurückreiten und berichten, dass ich dich gejagt habe, dass du aber einen schnellen Hengst hattest und ich nur ein Muli. Und dass man dich vermutlich nie wieder sehen wird."

Otter seufzte. „Wir haben einen langen Weg zurückgelegt, seit wir junge Krieger waren, deren einziges Problem damals war, wie sie die Aufmerksamkeit von Geneviève LaCroix erregen konnten, was?" Er schüttelte den Kopf. „Dies sind schlechte Zeiten für die Dakota. Der Gott des Weißen Mannes verleiht den Soldaten seine Kraft und sie verfolgen uns überallhin."

„Er ist nicht der Gott des Weißen Mannes", sagte Daniel. „Er ist der Gott aller Menschen, auch wenn du ihn nicht anerkennen willst."

Otter schnaubte: „Warum kümmerst du dich um diesen Gott? Hat er dir irgendetwas gegeben, was du wolltest? Hat er dich beschützt? Deine Farm? Die Frau, die du liebst?" Er spuckte aus. „Was für ein Gott ist das, der seine Kinder leiden sieht und ihren Feinden die Macht verleiht, sie immer noch mehr leiden zu lassen? Beantworte mir nur eine dieser Fragen, dann können wir weiterreden."

Daniel öffnete den Mund, doch in diesem Moment ertönten Schüsse. Otters Augen weiteten sich und dann erschien ein roter Fleck auf seiner Brust, der sich schnell ausbreitete. Er taumelte und stürzte dann zu Boden.

Daniel wirbelte herum und sah Jensen mit rauchendem Gewehrlauf hinter sich stehen. Daniel schrie auf und rannte mit gesenktem Kopf auf Jensen zu. Als er ihn mit voller Wucht rammte, hörte er, wie dem Mann zwei Rippen brachen. Er landete auf Jensen, riss ihm das Gewehr aus der Hand und warf es zur Seite. Dann landete er einen krachenden rechten Haken auf Jensens Kiefer.

Otter versuchte aufzustehen, doch als Daniel an seiner Seite war, hustete er Blut. Er umklammerte Daniels Unterarme und starrte seinem Freund einfach nur in die Augen. Daniel hielt seinem Blick eine Ewigkeit stand.

Als Otters Augen brachen und sein Griff sich löste, sank Daniel zusammen, bedeckte das Gesicht mit beiden Händen und weinte.

*

Jensen wirbelte herum. „Bleib weg von mir!", murmelte er. Angst flackerte in seinem Blick, als er hustete und sich seine schmerzende Seite hielt. „Ich habe gehört, was du gesagt hast. Dieser Wilde war ein Freund von dir. Du wolltest ihn entkommen lassen. Wenn Captain Willets hört ..."

Daniel krallte sich in Jensens Kragen. „Wenn Captain Willets was hört? Dass Sie ohne die Hilfe eines Wilden nicht mal in die Nähe der entlaufenen Pferde gekommen wären? Dass Sie sich beinahe vor Angst in die Hosen gemacht haben, als Sie Ihren ersten echten Dakota-Krieger gesehen haben? Dass Sie einen unbewaffneten Mann erschossen haben?“ Er starrte Jensen eiskalt in die Augen, bevor er ihn losließ und ihm die Zügel des Mulis in die Hand drückte. „Sie werden Captain Willets erzählen, dass eine kleine Gruppe von Kriegern die Pferde gestohlen hat. Sie werden ihm berichten, dass ich Sie zurückgeschickt habe, um die anderen Scouts zu holen und dass wir ihm morgen Bericht erstatten werden. Dann gehen Sie zu Robert und Big Amos und bitten sie, mich an der Farm zu treffen.“ Er funkelte Jensen wütend an. „Natürlich können Sie auch gern mit mir kommen, um die Pferde zurückzuholen. Mein Freund hier hat nur vier oder fünf andere Krieger erwähnt, die drüben auf der anderen Seite des Flusses warten.“

Jensen erbleichte, dann stieg er mit einem missbilligenden Grunzen auf das Muli und ritt davon.

Daniel hievte Otters Leiche auf den Rücken seines Hengstes und überlegte eine Weile, was er tun sollte. Schließlich sprang er hinter Otter auf das Pferd und ritt im leichten Galopp davon.

*

Jeb Grant hielt sein Gespann an und beschattete seine Augen, um den einsamen Reiter näher zu begutachten. Sein Herz klopfte ihm bis zum Hals, als er erkannte, dass es ein Indianer war. Vor sich hatte er irgendetwas liegen. Hervorragendes Pferd. Jeb stieg vom Wagen und versuchte möglichst locker und langsam auf sein Haus zuzugehen. Er pfiff einmal scharf und war erleichtert, als er Marjorie fast sofort mit seinem Gewehr im Türrahmen erscheinen sah.

Als der Reiter näher kam, erkannte Jeb Leuchtender Stern und entspannte sich etwas. Doch dann begriff er, dass das Etwas vor ihm auf dem Pferd die Leiche eines Dakota war.

„Alles in Ordnung?“, fragte er schnell.

Daniel nickte. „Ich wollte ...“ Er schluckte und schaute eine Weile einfach nur auf die Leiche herab. Dann atmete er tief durch und sagte: „Dieser Mann war mein Freund. Wenn ich ihn zum Fort bringe, werden sie ...“

„... ihn skalpieren wie Kleine Krähe“, ergänzte Jeb.

Daniel schluckte noch einmal und sah zur Seite. „Sie sagten, Ihre Familie hätte nichts gegen Indianer, und ich habe mich gefragt ...“

„Natürlich können Sie Ihren Freund hier bestatten“, sagte Marjorie schnell. „Nicht wahr, Jeb?“

Jeb sah überrascht aus, fing sich aber schnell und nickte in Richtung Scheune. „Da oben auf dem Hügel ist eine alte Eiche, und ...“

„Ja, ich kenne die Stelle“, sagte Daniel und glitt von dem Hengst. Einen Moment lang musste er sich an die Seite des Tieres lehnen.

Marjories Augen füllten sich mit Tränen. „Ich ... ich habe etwas zu Essen gemacht. Wenn Sie ... wenn Sie fertig sind ...“ Damit verschwand sie im Haus.

„Direkt neben der Scheunentür steht ein Spaten“, sagte Jeb. „Ich komme gleich nach.“

Leuchtender Stern führte den Hengst zur Scheune, holte den Spaten und machte sich auf den Weg zur alten Eiche. Die Tränen machten ihn beinahe blind, als er anfing zu graben. Er hatte kaum die Grasnarbe abgetragen, als Jeb Grant sich zu ihm gesellte.

Sie gruben eine ganze Weile schweigend, dann deutete Jeb auf ein kleines weißes Kreuz in der Nähe und sagte: „Unser Baby.“ Er stieß seinen Spaten tief in die Erde. „Es war ein Junge. Er hat nur ein paar Stunden gelebt.“ Auch er hatte Tränen in den Augen.

Bevor Daniel etwas sagen konnte, kam Marjorie mit einer alten Decke über dem Arm zu ihnen. „Ich weiß nicht, ob das bei ... bei Ihnen so Brauch ist ... aber wenn Sie ihn vielleicht hierin einwickeln wollen ...“

Jeb legte einen Arm um seine Frau und nickte dann zu dem Loch, das inzwischen groß genug war. „Wir sind dann unten und warten mit dem Abendessen“, sagte er und sie gingen zusammen den Hügel hinunter.

Als Daniel den letzten Rest Erde über Otters Leiche geschaufelt hatte, kniete er sich neben das Grab. Er hielt seine Hände mit den Handflächen nach oben zum Himmel und saß einige Minuten schweigend da, bevor er aufstand und hinunter zum Haus ging.

Er fand Jeb in der Scheune, wo er dem Cremello-Hengst Heu fütterte und ihn misstrauisch betrachtete.

„Ich dachte, ich stell ihn lieber hier rein, damit ihn niemand sieht“, sagte Jeb zu Daniel. „Zumindest bis du dich entschieden hast, was du tun willst.“

„Ich habe den Soldaten, der mich begleitet hat, zum Fort zurückgeschickt, um die anderen Scouts zu holen“, sagte Daniel hölzern. Der Hengst kam zu ihm und schnupperte an seinen Händen.

„Der Soldat hat deinen Freund getötet?“

Daniel nickte. „Otter hat ihn vom Pferd geholt und dann mich angegriffen, aber dann hat er mich erkannt. Wir haben uns unterhalten, als Jensen ihn erschossen hat.“

„Dieser Jensen klingt ja wie ein wahrer Mann!“, schnaubte Jeb sarkastisch.

Daniel zuckte die Achseln. „Er hasst Indianer und hat Angst vor ihnen. Und Otter hatte in dieser Gegend wirklich nichts zu suchen.“

Sie gingen zusammen ins Haus und setzten sich an den Tisch. Marjorie brachte einen Auflauf und Jeb las eine Passage aus der Bibel vor:

Herr, zeige mir, wie kurz mein Leben ist
und dass mein Ende unausweichlich kommt:
Mach mir bewusst, wie wenig mir noch bleibt!
Die Länge meines Lebens – ein paar Handbreit,
ein Weilchen nur,

ein Nichts in deinen Augen.
Wie fest meint jeder Mensch zu stehen
und ist in Wahrheit nur ein Hauch!
Er kommt und geht und gleicht darin dem Trugbild;
er ist geschäftig und lärmt - für nichts;
er sammelt und speichert und weiß nicht,
wer's bekommt.
Herr, hab ich da noch etwas zu erhoffen?
Ich setze meine Hoffnung ganz auf dich!

„So ein Gebet habe ich noch nie gehört", sagte Daniel leise.

Jeb zuckte die Achseln. „Manchmal fehlen einem die Worte. Zum Beispiel mir seit letztem Jahr, als unser kleiner Junge starb." Er schluckte schwer. „Er war unser drittes Kind. Keines von ihnen ist älter als ein Jahr geworden."

Marjorie stand schnell auf und wischte sich verstohlen eine Träne ab, ehe sie zum Ofen ging.

Jeb fuhr fort: „Marjorie sagt, wir sollen nicht wie die Heiden sein und nicht mehr mit Gott reden. Also habe ich die Idee gehabt, einfach in den Psalmen zu lesen. Das verleiht mir Worte, wenn ich selbst keine mehr habe."

Daniel nickte. Er aß schnell auf und ging dann nach draußen, um auf Robert und Amos zu warten. Er hatte Gott schon sehr lange nichts mehr zu sagen gehabt. Vielleicht sollte er auch einmal in den Psalmen lesen, wenn er irgendwie wieder an eine Bibel kam.

11

Schmiede keine bösen Pläne gegen deinen Mitmenschen, der neben dir wohnt und dir vertraut.
Sprichwörter 3,29

„Er ist in Crow Creek?“ Der Fremde in der Tür sah einen Moment zur Seite und sah enttäuscht aus. Oder wütend – das konnte Miss Jane nicht genau sagen. Als er seinen Hut abnahm und sie sah, dass er einen Metallhaken statt einer Hand hatte, trat sie unwillkürlich einen Schritt zurück.

„Entschuldigen Sie, Madam“, sagte er mit einer wunderschönen, wohlklingenden Stimme. „Ich hatte nur gehofft, persönlich mit Reverend Dane sprechen zu können.“

„Es tut mir wirklich Leid, aber er ist gerade zu Besuch hier gewesen und erst vor wenigen Tagen wieder in den Westen aufgebrochen.“ Sie sah den Fremden an. „Kann ich irgendetwas für Sie tun?“

Er seufzte und schüttelte den Kopf. „Ich fürchte nicht. Es sei denn ...“ Er zögerte. „Ich bin eigentlich hauptsächlich wegen der Kinder hier.“

„Und wer sind Sie?“, fragte Miss Jane direkt und starrte ihm in die graublauen Augen.

„Ich bin Elliot Leighton. Der Bruder ihrer Mutter.“

„Na, warum haben Sie das denn nicht gleich gesagt?“, ereiferte sich Miss Jane. „Kommen Sie rein, kommen Sie rein!“ Sie winkte Leighton in die Diele des großen Hauses. „Hängen Sie Ihren Hut hier auf und folgen Sie mir ins Wohnzimmer. Aaron ist mit seinem Vater in Crow Creek, aber Meg wird jeden Moment aus der Schule kommen. Miss LaCroix kennen Sie ja vermutlich schon von ihrem Aufenthalt in New York.“

Elliot folgte Jane gehorsam. „Ich ... nein, ich hatte nicht das Vergnügen“, sagte er schnell. „Ich war bei meinem Regiment und danach im Krankenhaus. Ich habe von Ellens Tod erst erfahren, als Simon und die Kinder schon wieder fort waren.“

„Das tut mir Leid", sagte Miss Jane. „Bitte setzen Sie sich doch. Wie gesagt, Meg wird gleich aus der Schule kommen. Miss LaCroix und die anderen Kinder sind auf dem Markt ..."

„Die anderen Kinder?" Elliot hob die Augenbrauen.

„Oh ja", lächelte Miss Jane. „Wir haben hier die reinste Großfamilie. Die Whitneys, denen dieses Haus gehört, haben zwei Kinder; dann ist da Hope, ein Waisenkind, das der Reverend adoptiert hat. Und wir haben Rebecca und Timothy Sutton hier, die ihre Eltern bei dem Aufstand verloren haben." Miss Jane unterbrach sich. „Entschuldigen Sie mein Geplapper. Ich hole Ihnen etwas Limonade." Sie war schon weg, bevor Elliot sagen konnte, dass er eigentlich gar keinen Durst hatte.

Als die quirlige Frau fort war, fiel ihm die Stille in dem großen Haus erst richtig auf. Elliot starrte auf den verhassten Haken in seinem Schoß und versuchte ihn mit seinem Ärmel zu bedecken. Draußen erklang Kinderlachen und er schaute aus dem Fenster. Eine kleine Gruppe kam auf das Haus zu. Die einzige Erwachsene war eine dunkelhäutige Frau - zierlich, mit einer Unmenge glänzenden schwarzen Haars als Dutt auf dem Kopf und einem herzförmigen Gesicht. Sie sah gar nicht so indianisch aus, bis auf die dunkle Haut, die einen faszinierenden Kontrast zu ihren strahlend blauen Augen bildete. Auf dem Arm trug sie ein blondes Kleinkind. Sie lächelte und Elliot dachte: *Hübsch. Eigentlich sogar eine Schönheit. Man kann Simon nicht mal einen Vorwurf machen ...*

Leighton erhob sich, während die Gruppe ums Haus ging und durch die Küche hereinkam. Schnell warf er einen Blick in den Spiegel, strich seinen Kragen glatt und die weißen Haare aus dem Gesicht.

„Onkel Elliot?", rief eine Kinderstimme von der Tür her. Elliot drehte sich um und sah ein Mädchen mit blauen Augen und dunkelroten Haaren in der Tür stehen.

„Bist du Meg?", fragte er und bemühte sich möglichst freundlich zu klingen.

Meg kam vorsichtig näher. „Du siehst gar nicht so aus wie auf dem Foto bei Großmutter."

„Nein", sagte er ruhig. „Der Krieg hat mich alt gemacht."

Meg kam noch näher und sah den Haken an seinem verletzten Arm. „Hast du deine Hand im Krieg verloren?", fragte sie.

Leighton nickte. Zu seinem Erstaunen füllten sich die Augen des Kindes mit Tränen. „Oh, das tut mir so Leid, Onkel Elliot!", schniefte sie. „Hat es sehr, sehr wehgetan?"

Etwas an der reinen Mitleidsfähigkeit des Kindes berührte einen lange vergessenen Ort in Elliots Seele. Und da er seiner Stimme nicht traute, nickte er nur.

Meg eilte an seine Seite und legte ihre Hand auf seinen Arm. „Darum ist dein Haar auch weiß geworden, nicht wahr?"

Elliot schaffte es, sie anzusehen. Wie kam es, das ein Kind von gerade mal acht Jahren so viel echtes Mitgefühl empfinden konnte?

Als Elliot nichts sagte, flüsterte Meg: „Gen hat seit dem Aufstand auch weiße Strähnen im Haar. Papa sagt, dass sie solche Angst hatte." Sie sah ihren Onkel an und lächelte. „Mir gefällt das. Du siehst ein bisschen aus wie ein Löwe!"

Elliot lächelte Meg mit echter Wärme an und auch sein Dank war ehrlich empfunden. „Ich finde, ich sehe ziemlich wild aus. Macht es dir keine Angst?"

„Na ja, von außen sehen manche Leute ganz anders aus, als sie innen drin sind." Sie wirkte plötzlich sehr erwachsen. „Ich meine, manche von den Indianern zum Beispiel sehen ganz schön bedrohlich aus. Daniel Leuchtender Stern zum Beispiel - er war ein Freund von uns - hat sich bei dem Aufstand angemalt wie ein ganz böser Indianer. Erst haben wir ihn gar nicht erkannt, aber unter der Farbe war er dann doch unser Freund Leuchtender Stern." Sie sah Elliot an und blickte dann auf den Haken. „Kannst du damit Sachen aufheben?"

Elliot nickte und so kam es, dass er ihr die Fähigkeiten seiner Ersatzhand demonstrierte, als Geneviève LaCroix hereinkam und hinter ihr Miss Jane mit einem Tablett.

Gen streckte die Hand aus und schüttelte die Elliots überraschend kräftig. „Ich bin Geneviève LaCroix. Es tut mir Leid, dass Simon nicht hier ist, aber er ist in ..."

„Crow Creek“, ergänzte Elliot. „Miss Williams hat mir das schon mitgeteilt.“

„Onkel Elliot hat einen Haken“, zwitscherte Meg. „Guck mal, was er damit alles machen kann! Zeig es ihr doch mal, Onkel Elliot.“

Elliot sagte schnell: „Vielleicht ein anderes Mal.“ Er lief rot an und wandte sich an Gen. „Ja, ich hätte gern den Reverend gesprochen.“

„Natürlich“, sagte Gen. „Möchten Sie sich nicht setzen?“ Sie bot ihm ein Glas Limonade an. „Wie schade, Sie haben ihn nur um wenige Tage verpasst.“

„Wann kommt er denn wieder zurück?“, fragte Elliot.

Gen zögerte. „Eigentlich warten Meg, Hope und ich darauf, dass er nach uns schickt.“

Leighton runzelte die Stirn. „Ach ja?“

„Der Reverend und Miss LaCroix sind verlobt und wollen bald heiraten“, erklärte Miss Jane.

„Oh, ich ... ich dachte, Simon hätte es Ihnen geschrieben“, stammelte Gen peinlich berührt.

„Er hat so etwas erwähnt“, murmelte Leighton. Dann wechselte er schnell das Thema. „Er hat auch von einem Waisenkind namens Hope erzählt. Haben Sie ihre Angehörigen finden können?“

„Tatsächlich haben sich mögliche Verwandte von der Kleinen gemeldet, doch sie konnten die Familienzugehörigkeit nicht eindeutig feststellen. Wir haben uns daher darauf geeinigt, dass wir sie behalten.“

„Ich verstehe“, sagte Elliot, obwohl er offensichtlich gar nichts verstand. „Und wie geht es deinem Bruder, Meg?“, wandte er sich an seine Nichte.

„Er ist mit Papa losgefahren, um unser neues Haus zu bauen“, sagte Meg stolz. „Hope und ich werden ein eigenes Zimmer bekommen! Es wird so ähnlich sein wie unser Haus am Lac Qui Parle, das abgebrannt ist.“

Elliot erhob sich. „Ich mache mich jetzt wohl besser wieder auf den Weg.“

„Aber bitte, Mr. Leighton!“, sagte Gen. „Bleiben Sie doch zum Abendessen. Es wäre uns eine Ehre. Sie könnten Hope kennen lernen und Meg würde sicher gerne Neuigkeiten von ihrer geliebten Großmutter hören.“ Sie lächelte das Mädchen an. „Die beiden haben sich so lieb gewonnen, als wir in New York waren.“

Elliot willigte ein, zum Abendessen wiederzukommen. Dann verbeugte er sich höflich und versprach Meg, ein Geschenk mitzubringen.

Sobald er fort war, schickte Gen Meg unter einem Vorwand in den Garten und eilte zu Miss Jane in die Küche.

„Ein gut aussehender Mann“, stellte Jane fest. „Muss Offizier gewesen sein. Tadellose Haltung.“

„Ja“, sagte Gen abwesend. „Er hat die Akademie in West Point absolviert. In Antietam hat er dann seine Hand verloren, kurz bevor Ellen gestorben ist. Man wusste nicht einmal, wo er ist. Er hat Monate in irgendeinem Feldlazarett verbracht. Auf den Fotos bei Mrs. Leighton ist sein Haar noch rabenschwarz gewesen.“

„Der Ärmste“, murmelte Miss Jane. Als Gen nichts erwiderte, sah sie sie forschend an. „Was ist denn?“

Gen sah in den Garten hinaus, wo inzwischen auch die Sutton-Kinder zu Meg gestoßen waren. „Ich weiß nicht. Irgendetwas stimmt da nicht. Er mag mich nicht. Das konnte ich spüren. Ach, ich wünschte, Simon wäre hier!“

„Sei nicht albern“, sagte Miss Jane. „Mr. Leighton kennt dich einfach nicht. Mir schien er sehr nett. Ein bisschen distanziert vielleicht, aber das ist ja verständlich. Allein die Enttäuschung, dass er den weiten Weg gemacht hat und Simon ist nicht da.“

Gen strich sich eine Strähne ihres schwarzen Haars aus dem Gesicht. „Er hat seinen Besuch nicht angekündigt. Simon wäre niemals weggefahren, wenn er gewusst hätte, dass sein Schwager kommt, um die Kinder zu sehen.“

„Vielleicht ist der Brief verloren gegangen“, sagte Miss Jane. „Fälle keine vorschnellen Urteile, Gen. Wir können ihn ja nachher fragen. Und falls er sich wirklich angemeldet hat, sollte er auf keinen Fall in dem Glauben gelassen werden, dass der Reverend von seinem Kommen wusste und einfach aufgebrochen ist. Das wäre ja reichlich unhöflich!“

Gen sah sie an. „Du hast vermutlich Recht.“ Doch ihr Instinkt warnte sie, dass mehr hinter Elliot Leightons Überraschungsbesuch steckte.

12

Dort werdet ihr dann den Herrn,
euren Gott, suchen,
und er wird sich
von euch finden lassen,
wenn ihr euch ihm mit ganzem
Herzen und mit allen Kräften
zuwendet.
5. Mose 4,29

Die Nacht war still und die Luft schien vor Hitze zu vibrieren. Robert Lawrence und seine Frau Nancy hatten die Zeltklappe geöffnet und die Seitenteile des Tipis hochgerollt, doch das nützte wenig, da kein Lüftchen wehte. Sie lagen nicht zu dicht beieinander und hielten sich nur an den Händen. Robert konnte einen kleinen Leuchtpunkt auf der anderen Seite des Hofes sehen - eine Zigarettenspitze, die jemanden verriet, der es ebenfalls aufgegeben hatte, bei der Hitze schlafen zu wollen.

Robert setzte sich auf und Nancy rief fragend seinen Namen. „Schlaf, Geliebte", sagte er sanft und küsste sie auf die Stirn. Sie lächelte und Robert musste an Daniel denken, der jede Nacht allein schlafen musste und immer an das Mädchen mit den blauen Augen dachte.

Robert und Big Amos hatten getan, was sie konnten, aber es war ihnen nicht gelungen, ihren Freund wieder aus dem Zustand zu locken, in dem er war, seit er seinen Freund Otter hatte beerdigen müssen. Er war schweigsam und in sich gekehrt und war so dünn geworden wie einer von Jeb Grants Zaunpfosten. Er wollte nicht mehr an den gemeinsamen Gottesdiensten teilnehmen und wenn sie sich über geistliche Themen unterhielten, fiel ihm plötzlich ein, dass er etwas Dringendes zu erledigen hatte.

Daniel leistete allerdings immer noch gute Arbeit für die Armee. Sie hatten Dutzende von verängstigten Dakota nach Fort Ridgely gebracht und Captain Willets hatte Daniel mehrmals öffentlich belobigt. Doch all das schien keinen Eindruck auf ihn zu machen und allmählich begann Robert zu befürchten, dass er sich etwas antun würde.

Robert ging zu Daniel, der vor seinem Zelt saß und in Etienne LaCroix' Skizzenbuch blätterte.

„Wenn du sie finden willst, werde ich mit Captain Willets reden. Er hat uns für sechs Monate rekrutiert und die sind bald vorbei. Er würde dich sicher nach Crow Creek gehen lassen. Vielleicht weiß dort jemand etwas über sie."

Daniel starrte in das schwach glimmende Feuer und sagte nichts.

Robert streckte eine Hand aus und legte sie seinem Freund auf die Schulter. „Ich verliere meinen besten Freund und ich weiß nicht, was ich tun soll!", sagte er leise.

Daniel warf einen Stock ins Feuer und sagte bitter: „Siehst du diesen Stock? Die Glut ist nicht stark genug, um ihn zu verbrennen, aber er spürt doch die Hitze. Seine Rinde platzt auf und die Flüssigkeit in seinem Inneren kommt hervor. Ich fühle mich genauso. Ich brenne, aber es ist nicht genug, um mich zu vernichten!"

„Du musst sie finden", sagte Robert sachlich.

Daniel schüttelte den Kopf. „Ich habe ihr doch nichts zu bieten. Und ich kann nichts mehr fühlen." Er sah zu den Sternen hinauf. „Früher habe ich in den Himmel geschaut und Gott gesehen."

„Gibt es denn nichts mehr, wofür du ihm danken kannst?"

Daniel schwieg so lange, dass Robert nicht mehr mit einer Antwort rechnete. Doch schließlich sagte er: „Ich bin dankbar, dass Himmelsauge nicht hier ist und sieht, was aus mir geworden ist."

Robert schnaubte: „Nur ein guter Mann hätte Brady Jensen am Leben gelassen, als er Otter tötete. Nur ein guter Mann hätte seinen Freund so beerdigt, wie du es getan hast, und den Zorn der Armee riskiert. Gestern hast du eine alte Frau auf deinem Pferd reiten lassen und bist selbst viele Kilometer zu Fuß gegangen bis zum Fort." Robert machte eine Pause. „Ja, unsere

Welt ist zerbrochen. Kein Wunder, dass du dich verloren fühlst. Keiner von uns weiß, was uns morgen erwartet. Außer Gott – Gott weiß, was kommen wird. Er sagt, dass wir eine Zukunft haben. Wir haben Grund zur Hoffnung!"

„Was für eine Zukunft?", schnappte Daniel. „Was für eine Hoffnung?"

„Du bist nicht der Einzige, der viel verloren hat, Daniel."

Zornig gab Daniel zurück: „Aber ich bin der Einzige, zu dem Gott nicht spricht!"

„Du musst beten", drängte Robert ihn.

„Er hört mich ja doch nicht."

„Woher willst du das wissen?"

„Weil nichts passiert. Nichts ändert sich."

„Vielleicht wartet er darauf, dass du ihn darum bittest, nicht die Umstände zu verändern, sondern dich selbst!"

Daniel dachte einen Moment lang darüber nach. Dann fragte er mit ruhigerer Stimme: „Ist es denn falsch, dass man sich nach einem Zuhause sehnt?"

„Du hast bereits ein Zuhause, einen Ort, an den du gehörst – an Gottes Seite."

Daniel schüttelte den Kopf. „Die Frau von Simon Dane hat auch so etwas gesagt in der Nacht, als ihr Haus am Lac Qui Parle abbrannte. Ich habe es schon damals nicht verstanden. Und ist es denn falsch, sich nach einem Menschen zu sehnen, der zu einem gehört?"

„Natürlich nicht", schluckte Robert. „Aber Daniel – ganz egal, ob Gott dir deine Wünsche erfüllt oder nicht ... er ist immer bei dir! Er wird dich nie verlassen und das ist genug."

„Für mich ist es nicht genug!", gab Daniel zurück.

„Doch, aber das wirst du nie erleben, wenn du dich nicht dazu entscheidest, Gottes Willen zu akzeptieren, und ihn stattdessen dazu zwingen willst, dir deine Wünsche zu erfüllen."

„Aber was soll ich tun, wenn alles in mir gegen meine gegenwärtige Situation anschreit?"

Robert räusperte sich. „Du musst glauben, Bruder."

„Ich habe nicht so viel Glauben."

Robert holte eine Bibel hervor und hielt sie Daniel hin, der sie aber ignorierte. „Wahrscheinlich wirst du mir jetzt genau die Verse nennen, die alle meine Fragen beantworten", meinte Daniel sarkastisch.

„Weißt du noch, als du damals zu mir gekommen bist – als du zwischen Otters Weg und Gott hin und her gerissen warst? Weißt du noch, wie oft wir die halbe Nacht diskutiert und gelesen haben? Du hast dir den Namen Daniel ausgesucht, weil du sagtest, du hättest einen Weg gefunden, mit den Löwen zu leben, ohne gefressen zu werden." Er packte Daniels Schulter und rüttelte ihn sanft. „Die Löwen brüllen noch, mein Freund. Und ich fürchte, du hast beschlossen, dich fressen zu lassen!" Roberts Stimme brach, als er ausrief: „Lass das nicht zu! Hör auf Gott, Daniel – nicht auf das Gebrüll der Löwen. Auch Himmelsauge kann die Leere in deinem Herzen nicht füllen." Jetzt liefen ihm Tränen übers Gesicht. „Ich liebe dich, Bruder. Bitte verlass mich nicht."

„Geh zu deiner Frau, Robert", sagte Daniel. „Ich weiß, dass du mein Freund bist."

„Ich werde gehen, aber nicht zu meiner Frau. Heute gehe ich zum Vater und bete, dass er dein verstocktes Herz erreicht. Und wenn es die ganze Nacht dauert und die nächste dazu!" Er stand auf und wandte sich zum Gehen. „Glaube, Daniel. Nur der Glaube kann die Löwen zum Schweigen bringen. Hebräer 11."

Daniel saß im Dunkeln und sah Robert nach. Irgendwo in der Ferne heulte ein Wolf.

*

„Es ist eine unangenehme Aufgabe", sagte Captain Willets. „Und es tut mir Leid, dass ich sie euch übertragen muss. Aber wenn an dem Gerücht etwas Wahres dran ist, dass die Indianer aus dem Reservat versuchen, den James River zu überqueren, um wieder nach Minnesota zu kommen, dann muss jemand mit ihnen reden. Zu ihrem eigenen Besten sollten sie zurückgehen. Denn wenn jemand sie sieht, wird sofort auf sie geschossen." Willets sah seine drei Dakota-Scouts an. „Um ehrlich zu sein, auch meine eigenen Männer wären wohl mit den Waffen viel zu schnell zur Hand. Tut, was ihr könnt, um sie zu finden und zurückzubringen. Notfalls eskortiert ihr sie persönlich zurück ins Reservat."

Als Big Amos und Robert sich auf den Weg zu ihren Frauen machten, hatte Daniel bereits seine Sache gepackt und sattelte sein Pferd. „Ich reite schon mal vor", erklärte er Robert.

Der runzelte die Stirn. „Captain Willets sagte, wir sollen morgen losreiten."

„Ich weiß", sagte Daniel nur und stieg auf sein Pferd. „Sag ihm, ich suche den Puma, der gestern hier rumgeschlichen ist."

„Ein Puma?", fragte Nancy, als er davongeritten war. „So nah am Fort?"

Robert legte einen Arm um sie und rief Big Amos zu: „Hast du vielleicht etwas von einem Puma gehört?"

Big Amos schüttelte den Kopf.

„Ich auch nicht", sagte Robert, sah seinem Freund nach und sprach ein stilles Gebet für ihn.

*

Jeb Grant hatte einen halben Wagen voll reifer Maiskolben geladen, als Daniel Leuchtender Stern auf den Hof ritt.

„Ach, ich hatte schon gehofft, dass du kommst", sagte Jeb, zog sich die Arbeitshandschuhe aus und klopfte sie an seiner Hose ab. „Dieser Cremello-Hengst ist ein schönes Tier, aber ich kann nichts mit ihm anfangen."

„Tut mir Leid, wenn er Ärger gemacht hat."

„Keine Sorge, er hat mich nicht gebissen oder so. Aber er ist nervös und unglücklich hier. Für die Farmarbeit taugt er einfach nicht; das ist ein Reitpferd, und was für eins!"

„Captain Willets hat uns beauftragt, die Dakota zurückzuschicken, die aus dem Reservat nach Minnesota zurückziehen wollen", sagte Daniel. „Ich würde den Hengst gern mitnehmen und dort freilassen."

„Das wäre sicher das Richtige“, sagte Jeb ohne Zögern. „Oder behalte ihn selbst. Vielleicht kann er dich ja leiden und mag nur den Geruch von uns Weißen nicht.“

Daniel lächelte und machte sich auf den Weg zur Scheune. Der Hengst beäugte ihn misstrauisch und als Daniel die Hand nach ihm ausstreckte, warf er den Kopf auf und bleckte die Zähne.

„Siehst du?“, sagte Jeb nur.

„*Damakota. Mawaste*!“, sagte Daniel mit tiefer Stimme. Der Hengst wieherte und stampfte mit dem Vorderhuf auf. „*Ihnuhan hecanon kin*“, murmelte Daniel weiter auf Dakota und ging dabei langsam in den Stall hinein und auf das Pferd zu. Der Hengst wandte den Kopf und sah Daniel an, dann trat er auf ihn zu und lehnte seinen Kopf an Daniels Brust. Das Tier seufzte und Daniel kraulte ihm die Ohren.

„Na so was!“, sagte Jeb. „Da hatte ich wohl Recht - ihm fehlte ein indianischer Freund.“

„Sein Halfter?“, fragte Daniel.

Jeb reichte es ihm und nach ein paar Minuten folgte der Hengst Daniel ruhig über den Hof.

„Wie ein Hündchen“, stellte Jeb fest.

„Kannst du zum Essen bleiben?“, rief Marjorie vom Haus aus.

Daniel schüttelte den Kopf.

„Pass auf dich auf, mein Freund“, sagte Jeb.

Daniel hob die Hand zum Gruß. „Betest du immer noch jeden Abend?“, fragte er Jeb.

Der sah ihn überrascht an und grinste. „Ja, und seit Neuestem mit meinen eigenen Worten. Schätze, ich habe eingesehen, dass es sinnlos ist, auf den Boss sauer zu sein.“

Daniel nickte. Beinahe hätte er Jeb gebeten, ihn in seine Gebete einzuschließen. Stattdessen grüßte er nur und ritt davon.

Als die Grants an diesem Abend bei Tisch saßen, sagte Marjorie plötzlich: „Lass uns für Leuchtender Stern beten, Jeb.“ Auf seinen überraschten Blick hin ergänzte sie: „Ich habe das Gefühl, dass es wichtig ist.“

Und sie beteten.

13

Ich urteile anders
als die Menschen.
Ein Mensch sieht,
was in die Augen fällt;
ich aber sehe ins Herz.
1. Samuel 16,7

„Willkommen zu Hause“, flüsterte Gen und umarmte Simon vorsichtig. Ihre Freude verblasste, als sie merkte, wie dünn er geworden war. Besorgt sah sie ihm ins Gesicht. Er sah erschöpft aus und deutlich gealtert.

Simon ließ sie schnell wieder los und breitete die Arme aus, um Meg und Hope zu umfangen, die sich auf ihn warfen. „Langsam, Mädchen!“, sagte er und seine Stimme schwankte von seinen überfließenden Gefühlen. „Werft euren alten Vater nicht um!“ Er nahm an jede Hand ein Mädchen und gemeinsam gingen sie ins Wohnzimmer. Es entging Gen nicht, dass Simon erleichtert aufseufzte, als er sich in einen Sessel sinken ließ.

Aaron trat hinter Gen. „Ist schon in Ordnung“, sagte er leise. „Er ist nur müde.“

Gen tätschelte seinen Arm und ging dann zu den anderen.

„Wir wollen alles ganz genau wissen!“, verkündete Miss Jane.

Samuel und Nina Whitney stimmten zu, während sämtliche Kinder vollkommen untypisch ruhig und brav auf dem Teppich saßen und warteten.

„Erzähl du zuerst, Aaron“, sagte Simon und lächelte seinen Sohn an.

Aaron starrte einen Moment lang auf den Boden und sortierte seine Gedanken. Dann begann er: „Crow Creek ist – ich kann es gar nicht beschreiben – ein absolut schrecklicher Ort. Der Gedanke, dort eine Farm betreiben zu wollen, ist völlig lächerlich.“ Aaron sah seinen Vater an und zuckte die Achseln. „Wir haben zwar etwas Ackerland urbar gemacht, aber es hat keinen Sinn, dort etwas säen zu wollen, solange die Dürre anhält." Er hielt einen Moment lang inne. „Ich habe einige der alten Männer kennen gelernt. Es gibt dort keine Jungen meines Alters. Die sind alle gestorben." Die Situation, die Aaron weiter beschrieb, war schlimmer als ihre schlimmsten Befürchtungen. Schließlich schloss er: „Man kann es sich wirklich nicht vorstellen, wenn man es nicht selbst gesehen hat."

„Aber geistlich haben wir einige echte Wunder erlebt", sagte Simon und als er Aaron ansah, war es, als teilten sie miteinander ein Geheimnis.

„Ja", bestätigte Aaron. „Wir haben ein einfaches Sonnendach errichtet und schon beim ersten Gottesdienst waren eine Menge Leute da." Aaron grinste Gen an. „Amos Huggins wäre über den gemeinsamen Gesang erstaunt gewesen!"

„Amos Huggins?", fragte Nina Whitney.

Miss Jane erklärte: „Amos hat die meisten geistlichen Lieder im Dakota-Gesangbuch übersetzt. Er ist bei dem Aufstand umgekommen. Man hat ihn überfallen, als er mit den neuen Gesangbüchern von der Druckerei zurückkam."

„Singen ist sehr beliebt in Crow Creek", fuhr Aaron fort. „Wir singen bei jedem Treffen. Und sie hören Vater so gern predigen." Er schaute Simon mit unverhohlenem Stolz an.

„Erzähl von unserer Reise zurück nach St. Anthony", sagte Simon schnell.

„Vielleicht beim Abendessen", unterbrach Miss Jane. „Ihr müsst ja halb verhungert sein. Im Ofen wartet ein Truthahn und der erste Kürbis aus dem Garten." Sie winkte den Kindern. „Kommt, lasst uns den Tisch decken!" Aaron wollte mitgehen, doch sie schob ihn zurück und grinste ihn an. „Du bleibst hier und redest mit den anderen Erwachsenen. Kaum zu glauben, wie groß du geworden bist!" Damit eilte sie hinter den Kindern her in die Küche.

Simon stemmte sich mühsam hoch. „Miss Jane hat Recht, Aaron. Wir müssen unsere Sachen auspacken und uns waschen." Er tätschelte Gens Schulter. „Es ist schön, wieder zu Hause zu sein."

Gen schloss die Augen und legte ihre Hand auf seine. „Es ist noch Zeit bis zum Abendessen. Wenn du dich so lange hinlegen willst - nur zu. Du musst völlig erschöpft sein."

Er nickte. „Ja, vielleicht tue ich das."

*

Als Aaron eine Stunde später an Simons Tür klopfte, kam keine Reaktion. Er ging in die Küche und fragte Gen, ob sie wisse, wo Simon sei.

„Ich sehe mal nach", sagte Gen und ging nach oben. Sie klopfte zuerst leise, dann kräftiger an. Nichts. Schließlich ging sie ins Zimmer und fragte leise: „Simon?"

Die einzige Antwort war ein leises Schnarchen. Simon lag vollkommen bekleidet auf dem Bett und schlief tief und fest. Er rührte sich nicht, als Gen ihm die Schuhe und Socken auszog. Erst als sie vorsichtig seine Krawatte aufband, schlug er die Augen auf.

„Aha, anscheinend habe ich doch einen Schutzengel", sagte er lächelnd. „Ich habe von Ihnen geträumt, Miss LaCroix."

Gen strich ihm das ergrauende Schläfenhaar glatt. „Sie sind ja völlig erschöpft, Reverend Dane."

Er murmelte: „Ich bekenne mich schuldig", und konnte kaum die Augen offen halten.

„Schlaf weiter", sagte Gen zärtlich und küsste ihn auf die Stirn. Er war schon wieder eingeschlafen, bevor sie sich umgedreht hatte.

*

„Er ruht gerade", sagte Gen, als Elliot Leighton am nächsten Nachmittag in der Tür stand und nach Simon fragte. „Wenn Sie wollen, schicke ich Aaron zu Ihnen, sobald Simon wach ist."

Als Leighton nicht reagierte, schob Gen nach: „Wenn Sie gehofft hatten, eine Einladung zum Tee zu erhalten, Mr. Leighton, muss ich Sie leider enttäuschen. Wir sollten um der Kinder willen zwar die Höflichkeit wahren, aber wir müssen uns ja nichts vormachen, wenn wir allein sind. Soll ich also Aaron schicken oder nicht?"

„Es ist wichtig, dass ich Simon sofort sehe", beharrte Leighton.

„Nicht so wichtig wie seine dringend benötigte Ruhe", schoss Gen zurück. Sie sah ihm direkt in die Augen. „Aaron wird dann also nachher zu Ihnen kommen."

Die Küchentür klappte auf und zu und Miss Jane kam herein. Genau in diesem Moment riss der Griff ihres vollen Einkaufskorbs und der Inhalt ergoss sich über den Fußboden. „Meine Güte!", rief sie und lief dunkelrot an.

„Lassen Sie mich helfen", sagte Elliot, kniete sich hin und begann die Einkäufe aufzuheben.

„Oh, lassen Sie doch", rief Miss Jane und bückte sich ebenfalls. „Ich mache das schon."

Leighton gab steif zurück. „Ich kann auch mit einer Hand von Nutzen sein."

Miss Jane schnaubte: „Das hat gar nichts mit Ihrer Hand zu tun, Elliot Leighton, sondern mit der Tatsache, dass es mir furchtbar peinlich ist, mich so ungeschickt angestellt zu haben!" Tatsächlich waren ihre Wangen leuchtend rot.

Gen sah verwirrt zu ihnen hinüber. Was lief denn da zwischen den beiden?

„Werden Sie zum Tee bleiben, Mr. Leighton?", fragte Jane.

„Danke, gern, Miss Williams."

„Dann setzen Sie sich irgendwohin, bis ich mich erholt habe", sagte Miss Jane und begann hektisch in den Küchenschränken nach dem Tee zu suchen, der da stand, wo er immer stand.

Als sie den Tee fertig hatte, fragte sie Gen: „Möchtest du auch Tee?

Gen schüttelte den Kopf. „Ich wollte noch einen Apfelkuchen backen", sagte sie ausweichend. „Und dann habe ich Meg versprochen, ihr vorzulesen."

Elliot nippte an seinem Tee und sah zu, wie Miss Jane ihre

Einkäufe wegräumte. Als sie alles fertig hatte, setzte sie sich mit einer Tasse ihm gegenüber an den Tisch.

„Ich schlage vor, Sie sagen mir, was das Problem zwischen Ihnen und meiner lieben Freundin Miss LaCroix ist", sagte sie direkt.

Leighton hob die Augenbrauen. „Ich weiß nicht, wovon Sie sprechen."

„Natürlich wissen Sie das, Mr. Leighton. Wenn Sie beide zusammen in einem Zimmer sind, sinkt die Raumtemperatur sofort um fünf Grad!"

Leighton rührte seinen Tee um. „Es tut mir Leid, wenn ich Ihnen Unannehmlichkeiten bereitet habe. Ich möchte nichts Negatives über Miss LaCroix sagen, die Sie ja offensichtlich sehr schätzen."

Miss Jane beugte sich vor. „Eins möchte ich gleich klarstellen, Mr. Leighton: Ich kann nichts mit Leuten anfangen, die ständig um den heißen Brei herumreden. Ich habe Sie gebeten, mir eine Auskunft zu geben, und ich würde eine ehrliche Antwort zu schätzen wissen." Sie lehnte sich zurück und kreuzte die Arme über der Brust.

„Also gut"; sagte Elliot. „Ich werde schonungslos ehrlich sein. Das Volk, dem Miss LaCroix angehört, hat schreckliche Dinge getan. Meiner Meinung nach kann man aus einem Indianer keinen zivilisierten Menschen machen."

Miss Jane blinzelte und biss sich auf die Lippe. Dann zog sie Elliots verletzten Arm am Ärmel zu sich und nahm den Haken in die Hand. „Ich würde sagen, *Ihr* Volk hat von Zeit zu Zeit auch schreckliche Dinge getan, Mr. Leighton. Ich habe aber noch nicht vernommen, dass Miss LaCroix gesagt hätte, sie hasse Ihr Volk, weil es versehentlich den Mann getötet hat, den sie liebte."

„Bitte", sagte Elliot und zog den Arm weg. „Nicht noch eine Geschichte über den großartigen Daniel Leuchtender Stern." Er strich sich die weiße Mähne aus dem Gesicht. „Meg hat mir schon alles über ihn erzählt."

„Wenn Sie doch einfach zuhören würden ..."

„Ich muss nichts mehr hören. Ich möchte einfach nicht, dass die Kinder meiner Schwester in der Wildnis aufwachsen, nur weil mein Schwager ein fehlgeleitetes Helfersyndrom hat. Und ganz sicher werde ich nicht zulassen, dass sie von einer Halbblutindianerin aufgezogen werden!"

„Ich denke doch, dass das meine Entscheidung ist, Elliot", sagte Simon vom Fuß der Treppe aus. Weder Elliot noch Miss Jane wussten, wie lange er schon zugehört hatte.

Elliot warf einen Blick auf Miss Jane, deren Wangen wieder dunkelrot waren.

Simon setzte sich an den Tisch und sprach so leise, dass man ihn kaum verstehen konnte: „Ich hatte mich schon gewundert, dass du durch das halbe Land reist, nur um deine Nichte und deinen Neffen zu besuchen, Elliot. Vor allem, wo du dich noch nie für sie interessiert hast."

Aaron und Hope stürmten in die Küche. „Onkel Elliot!", rief Aaron. „Ich wollte dich im Hotel überraschen, aber du warst nicht da."

Leighton stand auf, offensichtlich überrascht von Aarons freudiger Begrüßung. Er streckte ihm die Hand hin, aber Aaron ignorierte sie und fiel seinem Onkel stattdessen um den Hals.

„Meine Güte, bist du groß!", sagte Elliot und sah zu Simon. „Er hat wohl die Wachstumsgene der Leightons geerbt!"

Simon lächelte. „Ich glaube, er hat überhaupt alle guten Seiten seiner Mutter geerbt. Warst du in dem Alter auch schon so groß, Elliot?"

Elliot kniff die Augen zusammen. „Nein, ich glaube, Aaron ist größer als ich damals. Du bist doch erst zwölf, nicht wahr, mein Junge?" Als Aaron nickte, fuhr er fort: „Du wächst zu schnell. Hör sofort damit auf! Sonst erkennt deine Großmutter dich beim nächsten Besuch nicht wieder."

„Vater hat gemeint, dass wir ein Familienfoto machen lassen, das du für Großmama mitnehmen kannst."

„Da wird sie sich aber freuen", sagte Elliot und sah wieder zu Simon. „Allerdings würde sie sich noch viel mehr freuen, dich und deine Schwester wieder in die Arme zu schließen.

Was sagst du, mein Junge? Kommst du mit mir nach New York?"

„Das würde ich gern", sagte Aaron ohne Zögern. „Aber ich kann nicht. Vater und ich haben so viel zu tun. Ich soll über den Winter in St. Anthony zur Schule gehen und im Frühjahr fahren wir dann wieder zurück nach Crow Creek."

„Zur Schule gehen könntest du auch in New York", sagte Elliot. Dann spürte er die wachsende Spannung im Raum und fügte hinzu. „Aber das können wir auch ein anderes Mal besprechen. Ich freue mich jedenfalls, dass ich dich gesehen habe." Er nickte Simon zu. „Vielleicht können wir uns ja heute Abend zum Essen in meinem Hotel treffen?"

„Natürlich", sagte Simon. „Acht Uhr?"

„Gut", nickte Elliot. Er dankte Miss Jane höflich für den Tee und ging. Sofort kam Gen die Treppe hinunter.

„Du musst ja am Verhungern sein", sagte sie zu Simon und ging zum Ofen. „Wie praktisch, dass ich dir in wenigen Minuten einen frischen Apfelkuchen anbieten kann!"

*

Wenn es etwas gab, das Elliot Leighton verabscheute, dann war es mangelnde Selbstdisziplin. Selbstdisziplin hatte ihn vor dem sicheren Tod gerettet und ihm ermöglicht, die rechte Hand zu benutzen, nachdem er als Linkshänder die linke eingebüßt hatte. Jede Schwäche, jede Herausforderung konnte einen zu Fall bringen und nur durch Selbstdisziplin konnte man sie überwinden oder sogar aus seinem Leben verbannen. Seine beständige Übung in Selbstdisziplin war in jedem Bereich von Elliots Leben hilfreich gewesen - außer in einem: So sehr er sich auch bemühte, es gelang ihm einfach nicht, sein Hingezogensein zu Frauen zu überwinden. Sie verursachte ihm nie endende Schwierigkeiten und einen tiefen Schmerz, den er sich allerdings selbst nicht eingestehen wollte.

Er hatte lange gebraucht, um zu akzeptieren, dass zusammen mit seiner linken Hand auch seine Chancen bei Frauen weggeschossen worden waren. Zuerst hatte er gedacht, das Problem wäre zeitlich begrenzt und die Frauen würden irgendwann aufhören, ihn als Invaliden zu betrachten, wenn er sich erst wieder erholt hatte. Schließlich verringerte doch der Verlust einer Hand nicht die Männlichkeit an sich.

Doch anscheinend sahen die Frauen das anders. Ein Blick auf sein frühzeitig ergrautes Haar und seine fehlende Hand und irgendetwas passierte mit ihnen. Die Augen umwölkten sich, die Gesichter nahmen einen schmerzlichen Ausdruck an, die Stimmen trieften vor unwillkommenem Mitleid. Als selbst Betty, das Dienstmädchen, ihn mit Nachsicht zu behandeln begann, glaubte er, dass ihn eine Frau nie mehr als etwas anderes als ein Opfer betrachten würde.

Nachdem Leighton nach Minnesota aufgebrochen war, hatte er beinahe keine sozialen Kontakte mehr gehabt und hatte sich nur noch der Verwaltung des umfassenden Besitzes seines Vaters gewidmet. Und dann war er Miss Jane begegnet.

Leighton fand es absurd, dass er jüngeren und schöneren Frauen abgeschworen hatte, um nun eine eher gewöhnlich aussehende, zaunpfahldürre alte Jungfer attraktiv zu finden. Noch absurder war die Tatsache, dass ihre Figur und ihr Aussehen ihn überhaupt nicht interessierten. Was er an ihr anziehend fand, war ihre ganze Art. Sie war sachlich und auf ihre Pflichten Gott und ihrer adoptierten Familie gegenüber konzentriert. Sie hatte ein feuriges Temperament und kannte anscheinend keine Angst. Sie hatte viel durchgemacht und betrachtete sich dennoch nicht als Opfer – und ihn offensichtlich auch nicht. Nicht ein einziges Mal hatte er Mitleid in ihrem Blick entdeckt, wenn sie ihn ansah.

Leighton musste sich eingestehen, dass er sich zu Miss Jane hingezogen fühlte. Doch er fand Trost in der Aussicht, dass er bald nach New York zurückfahren würde – hoffentlich mit Ellens Kindern. Damit wäre die Sache dann erledigt.

Als Jane seine Prothese in ihre Hand genommen und dabei anscheinend keinerlei Widerwillen empfunden hatte, war Elliots Entschlossenheit ins Wanken geraten. Und richtiggehend nervös wurde er, als keine zwei Stunden nach seiner Rückkehr ins Hotel ein Mädchen an seine Tür klopfte und ihm sagte, in der Lobby warte eine Miss Jane Williams und wolle ihn sprechen.

Als Leighton herunterkam, stand Miss Jane auf und ging auf ihn zu. Sie trug ein schlichtes schwarzes Kleid und einen hoffnungslos altmodischen Hut. Trotzdem fand Leighton, dass sie gut aussah. Sie erwiderte seinen Handschlag überraschend kräftig und bestellte ihnen dann Tee, als würde sie das jeden Tag machen. Dabei war es sicher zehn Jahre her, dass sie Gelegenheit gehabt hatte, Tee in einem Hotel zu ordern. Innerlich musste Elliot grinsen, weil sie sich so nahtlos jeder Situation anpassen konnte.

Als der Tee gebracht wurde, sagte Miss Jane ohne Umschweife: „Ich bin gekommen, um mit Ihnen über Miss La-Croix zu sprechen." Sie sah ihm direkt in die Augen und er konnte nicht umhin zu bemerken, dass jede Menge Gefühle in ihrem Blick lagen. „Es scheint mir fast so, dass Sie schon vor Ihrer Reise nach St. Anthony beschlossen haben, Geneviève nicht zu mögen. Ich warte, Mr. Leighton, auf eine Erklärung von Ihnen, die mir den Glauben zurückgibt, dass Sie nicht wirklich so einfältig sind!"

Leighton runzelte die Stirn. „Nein, so dumm bin ich wirklich nicht. Ich habe mich sehr umfassend über das Indianerproblem informiert."

Miss Jane beugte sich vor. „Sagen Sie mir, Mr. Leighton – wie viele Indianer genau haben Sie schon persönlich kennen gelernt?"

Er verteidigte sich: „Sie kennen doch die Antwort. Aber das spielt keine Rolle. Wie gesagt, ich habe mich umfassend mit dem Thema auseinander gesetzt."

„Das ist nicht nur ein *Thema*!", gab sie kurz zurück. „Es sind *Menschen*. Menschen, die bluten und leiden und lieben und Familien haben und trauern. Menschen, die wissen, wie es ist, einsam zu sein und seine Träume sterben zu sehen und die ..."

„Ach, die Ärmsten!", ätzte Leighton.

Miss Jane schnappte nach Luft und lehnte sich wieder zurück. „Miss LaCroix und ich waren zusammen in der Gefangenschaft der Dakota. Ein junger Krieger namens Otter hatte es darauf angelegt, uns und die Kinder zu quälen. Er trieb uns vor sich her wie Vieh und wir kamen durch Buschland mit mannshohen Dornenhecken. Wir mussten meilenweit ohne Wasser laufen und die Dornen zerrissen uns die Haut. Bald waren die Kinder Ihrer Schwester blutüberströmt. Da hatte Geneviève eine Idee. Wir ließen die Kinder hinter uns gehen, ihre Arme um unsere Taillen, unsere Arme schützend über den ihren.“ Sie rollte ihren Ärmel hoch und entblößte einen Unterarm voller tiefer, roter Narben. „Gens Narben sind noch schlimmer. Ich konnte zumindest Männermokassins tragen; sie ging barfuß. Als sie schließlich so schlimm hinkte, dass sie beinahe zusammengebrochen wäre, ging eine alte Dakota namens Gute Mutter zu Otter und beschimpfte ihn so lange, bis er Gen auf einem Wagen fahren ließ. Von diesem Tag an hat diese alte Frau jeden Bissen Nahrung, jeden guten Schlafplatz, jeden Schluck Wasser mit uns geteilt. Sie hat selbst gehungert, damit Ihre Nichte und Ihr Neffe etwas zu Essen hatten, Mr. Leighton. Also erzählen Sie mir nichts von *diesem Thema*!“ Ihre Augen blitzten vor Zorn.

Leighton protestierte sanft: „Also gut, Jane, also gut. Vielleicht gibt es ein paar gute Seelen unter ihnen. Ich gebe zu, ich habe auch schon ein oder zwei Indianer getroffen, die anständige Männer zu sein schienen. Das ändert aber nichts an der Tatsache, dass Hunderte von Rothäuten Hunderte von unschuldigen Siedlern getötet und skalpiert haben. Soll ich wirklich diese Fakten ignorieren, nur weil Sie andere haben?“

„Sie sollten die Dinge ehrlich prüfen und das Gehirn benutzen, das Gott Ihnen gegeben hat, Mr. Leighton“, zischte Miss Jane.

Leighton fragte ruhig. „Und wie soll ich das anstellen, wenn Sie doch die Zeitungen als unglaubwürdig betrachten?“

„Fahren Sie mit Reverend Dane nach Crow Creek. Lernen Sie die Menschen kennen.“

Leighton schnaubte: „Das ist eine völlig absurde Idee!"

„Warum?", hakte Miss Jane nach. „Haben Sie sich nie gefragt, warum Ihre Schwester in die Mission gegangen ist? Natürlich haben Sie nur das Beste für die Kinder im Sinn. Aber Sie können sie nicht einfach aus einem Leben herausreißen, das Ellen für sie ausgesucht hat, wenn Sie dieses Leben kein bisschen verstehen!"

„Idealismus ist nicht sehr praktisch, Miss Williams", sagte Leighton abrupt und hielt seine Prothese hoch. „Sehen Sie, was er mir eingebracht hat." Er lehnte sich vor. „Und meine Schwester hat er umgebracht!"

Miss Jane hielt seinem Blick stand. Sie räusperte sich und sagte: „Ich gebe zu, dass ein gewisser Idealismus in die Berufung zum Missionar hineinspielt. Aber die Realität ändert das schnell. Ihre Schwester war eine sehr entschlossene Frau, Mr. Leighton, kein idealistisches Dummerchen. Tun Sie Ihr kein Unrecht - sie hat die Realität gesehen und sich mit ganzem Herzen hineingegeben. Es ist zu schade, dass ihr Bruder das nicht kann."

Als sie Leightons überraschten Blick sah, sprach Jane schnell weiter: „Sie haben ein Vorurteil über die Indianer gefällt, das Sie nicht mehr loslassen wollen, selbst wenn Ihnen eine Geneviève LaCroix gegenübersteht. Sie begreifen nicht, dass Reverend Dane schon lange nicht mehr der selbstgerechte, steife Prediger ist, den Ihre Schwester geheiratet hat, obwohl Sie eigentlich blind sein müssen, wenn Sie seine Veränderung nicht bemerken." Sie schluckte schwer. „Das Tragischste an alledem ist, dass Ihre Bitterkeit und Ihre Wut Sie selbst am allermeisten verletzen, Mr. Leighton. Wenn Sie weiter zulassen, dass diese Gefühle Sie regieren, werden sie Sie am Ende zerstören. Und es wäre wirklich eine Schande, wenn ein so attraktiver und intelligenter Mann wie Sie so enden würde."

Damit erhob sie sich und ließ ihn allein.

14

Der Dummkopf gibt jedem Ärger freien Lauf.

Sprichwörter 29,11

„Ich komme mit!"

Simon schaute auf, als Elliot unangekündigt ins Wohnzimmer der Whitneys stürmte. Simon nickte ihm zu. „Guten Morgen, Elliot. Wir lesen gerade die Geschichte von Daniel in der Löwengrube."

Leighton sah auf Meg, Hope, die Suttons und die Whitney-Kinder herab, die auf dem Teppich saßen. Er strich sich die weiße Mähne zurück und wollte seinen Auftritt erklären.

„Das ist meine Lieblingsgeschichte", fiel ihm Meg ins Wort und lächelte ihn strahlend an. „Vater macht sogar die verschiedenen Stimmen nach!"

„Tatsächlich", sagte Elliot halbherzig.

„Wir können uns gleich unterhalten, Elliot", sagte Simon. „Du bist herzlich eingeladen, hier zu bleiben oder in der Küche eine Tasse Kaffee zu trinken."

Elliot eilte hinaus, blieb aber im Flur stehen und lauschte, während Simon den Kindern weiter vorlas und tatsächlich verschiedene Stimmen nachahmte, unter anderem auch das Brüllen der Löwen. Die Kinder kicherten und ein paar Mal musste auch Simon lachen. Elliot lehnte sich an die Wand und musste an Miss Janes Worte denken. Anscheinend hatte Simon sich tatsächlich sehr verändert. Der Simon Dane, den Elliot kennen gelernt hatte, wusste nicht, was Lachen war.

„So, komm doch herein, Elliot", sagte Simon und kam zur Tür. „Danke für deine Geduld. Habe ich dich richtig verstanden - du willst abreisen?" Er legte Elliot eine Hand auf die Schulter und führte ihn zu einem Sessel. „Ich werde gleich morgen mit den Kindern zum Fotografen gehen, damit du ihrer Großmutter ein aktuelles Bild von ihnen mitbringen kannst. Und ich verspreche, sie bald nach New York zu Besuch zu schicken. Aber ..."

„Nein, du hast mich missverstanden", unterbrach ihn Elliot. „Ich fahre nicht zurück, ich will mit dir nach Crow Creek reisen."

Simon blinzelte ein paar Mal verwirrt und ließ sich in einen Stuhl sinken.

Elliot beugte sich vor. „Ich habe nie verstanden, was meine Schwester in die Mission geführt hat. Und ganz bestimmt habe ich ihre Zuneigung zu den Indianern nie verstanden. Vielleicht begreife ich das auch nie, aber jetzt, wo anscheinend sogar Aaron damit infiziert ist, möchte ich mir die Sache selbst einmal ansehen. Zumindest habe ich dann mit eigenen Augen gesehen, wohin du Ellens Kinder bringen willst." Sein Blick war fest. „Ich erwarte nicht, dass sich meine Meinung ändert. Aber zumindest kann man mir dann nicht mehr vorwerfen, meine Entscheidungen auf Informationen aus dritter Hand zu stützen."

Simon sah an ihm vorbei zur Tür, wo Jane und Gen standen. „Kommt doch herein. Elliot und ich sprachen gerade darüber, dass er möglicherweise mit mir nach Crow Creek reiten will."

Die Männer erhoben sich, als die Damen den Raum betraten. Simon bemerkte, wie das hellblaue Baumwollkleid Gens Augen noch mehr leuchten ließ. Elliot bemerkte, dass Miss Janes Gesicht erste Fältchen aufwies und von roten Locken umrahmt wurde. Und dass ein triumphierendes Lächeln um ihren Mund spielte, als sie ihm zublinzelte.

„Wenn Aaron das erfährt, wird er natürlich mitkommen wollen", sagte Gen.

„Aber er muss hier bleiben", sagte Simon.

„Ja, der Junge braucht eine gute Schulbildung", nickte Elliot.

„Manchmal", sagte Gen sanft, „kann man außerhalb des Klassenraums mehr lernen als darin." Ihre Augen lagen bittend auf Simon.

„Das mag für manche Kulturen gelten, Miss LaCroix", sagte Elliot neutral. „Aber die Leighton-Männer haben schon immer eine gute Schulbildung genossen und Aaron wird da keine Ausnahme sein."

„Haben Sie wirklich Aarons Wünsche in Erwägung gezogen oder machen Sie das einfach unter sich aus und Aaron muss sehen, wie er damit fertig wird?“, fragte Miss Jane scharf und sah die beiden Männer an.

„Er ist noch ein Kind“, sagte Leighton. „Er braucht Führung.“

Miss Jane sah ihn an. „Sie vergessen, Mr. Leighton, dass Aaron bereits Dinge erlebt hat, die in seinem Alter die sonstigen Leighton-Männer nicht kannten. Wenn Sie ihn in ein Klassenzimmer mit einem Haufen Stadtjungs stecken, während Sie beide in den Westen reisen, wird er verwelken wie ein Klatschmohn.“

„Er wird sich schon daran gewöhnen!“

„Er braucht seinen Vater. Und seinen Onkel“, sagte Miss Jane. „Bald sind Sie wieder in New York und was hat er dann von Ihnen gelernt? Sie sind wieder getrennt und haben eine wundervolle Gelegenheit verpasst, die Familienbande zu stärken und den Jungen positiv zu prägen.“

„Er ist dort draußen nicht sicher“, protestierte Leighton. „Was, wenn die feindlich gesonnenen Dakota den Posten angreifen?“

„Da hat Elliot Recht“, schaltete sich Simon ein. „Es ist noch zu gefährlich dort draußen. Ich habe mir den ganzen Sommer große Sorgen gemacht. So der Herr will, schickt die Regierung im Frühjahr mehr Truppen dort hinaus, dann können wir es uns noch einmal überlegen.“ Er sah seinen Schwager an. „Wenn du wirklich mitkommen willst, Elliot, wäre mir das eine große Hilfe. Wir haben viele Hilfsgüter zu transportieren.“

Leighton sah auf seinen Haken. „Ich habe kein Gespann mehr gefahren, seit ...“

„Na, dann sollten Sie möglichst bald mit dem Üben beginnen“, sagte Miss Jane. „Sie haben vor dem Abendessen noch genug Zeit, um hinüber zum Mietstall zu gehen. Wir essen um sechs.“ Sie nahm Gen beim Ellenbogen und zog sie hinaus.

„Diese Frau“, murmelte Elliot, „sollte sich um ihre eigenen Angelegenheiten kümmern!“

Simon grinste und schlug Elliot auf den Rücken. „Frag im

Mietstall nach Abe Carver, der leiht dir ein Gespann zum Üben.“

*

Die Nachricht, dass eine ganze Familie an der Grenze zum Dakota-Land ermordet worden war, führte dazu, dass Simon mit dem Dampfschiff nach Westen reisen wollte, statt mit dem Wagen zu fahren. Dazu kam, dass der Missouri einen so niedrigen Wasserstand hatte, dass er kaum befahrbar war, und Simon fluchte innerlich darüber, dass Elliot auf diese Weise mit einer Menge Passagiere zusammentraf, die eine schlechte Meinung über die Indianer hatten. Jeder schien eine hässliche Begebenheit erzählen zu können. Einer behauptete sogar, Kleine Krähe getötet zu haben, und tischte eine blutige Geschichte darüber auf.

„Das Problem ist“, sagte Simon nach dieser Begegnung zu Elliot, „dass diese Geschichte komplett erfunden war. Es gab keine Schlacht. Kleine Krähe wurde von einem Farmer nördlich von Hutchinson beim Beerenpflücken erschossen. Der Farmer wusste nicht einmal, dass es Kleine Krähe war.“

„Warum hast du denn nichts gesagt?“

Simon schüttelte müde den Kopf. „Es hat keinen Sinn, mit solchen Menschen zu diskutieren. Sie haben ihre Meinung über die Sioux und fertig. Fakten interessieren sie nicht.“

Elliot bemerkte, dass Simon ebenso gut auch über ihn hätte sprechen können.

Eines Abends lehnte Elliot an der Reling und sah auf das schlammige Wasser hinunter, als ein Mann auf ihn zukam, in dessen Augen zu lesen war, dass er meinte, ihn zu kennen.

„Major Leighton?“

Elliot runzelte die Stirn und versuchte sich an den Namen des Mannes zu erinnern. „Es tut mir Leid ...“

„Jensen, Sir. Brady Jensen.“ Er salutierte halbherzig. „Ich dachte, Sie wären wieder beim Regiment, Sir.“

Leighton hob den linken Arm und ließ den Haken auf die Reling knallen.

Jensen wich zurück. „Ich, äh … entschuldigen Sie, Sir."

„Was machen Sie hier im Westen, Jensen?"

„Ich war ein paar Monate in Fort Ridgely. Habe über hundert Gefangene nach Fort Snelling eskortiert."

„Gefangene?", fragte Leighton.

„Größtenteils Frauen und Kinder. Alte Männer. Wir haben sie den ganzen Sommer über zusammengesammelt und dann hatten wir endlich genug auf einem Haufen, um sie nach Snelling zu bringen." Er spuckte aus. „Dann war ich bei Verwandten in St. Louis und nun geht's zurück nach Hause."

„Warum gab es Frauen und Kinder als Gefangene?"

„Na ja, so richtige Gefangene waren sie nicht", sagte Jensen. „Aber wir mussten sie wegschaffen, bevor sie noch jemand umbringt. Das waren die Befehle."

„Also gehen Sie jetzt zurück nach Fort Ridgely?"

„Nein, mit dem Ort bin ich fertig. Keinen Nerv mehr für diese elenden Dakota-Scouts. Alles rote Teufel, wenn Sie mich fragen."

„Ich wusste gar nicht, dass die Armee Dakota-Scouts angestellt hat", sagte Leighton, der langsam neugierig wurde.

Jensen spuckte wieder aus. „Es gibt Dutzende davon! Sie sollten mal Captain Willets drüben in Ridgely hören. Der ist ganz verliebt in diese Mistkerle. Jeden Abend berät er sich mit ihnen über die nächsten Schritte." Jensen schüttelte den Kopf. „Wenn ich's nicht besser wüsste, würde ich annehmen, er ist ein verdammter Missionar. Diese Weichlinge! Wie kann man es nur rechtfertigen, denselben Rothäuten zu helfen, die Hunderte von weißen Farmern abgemurkst haben? Ich kapiere das nicht!"

„Ich habe gehört, manche von ihnen sollen auch Weiße gerettet haben", sagte Leighton.

Jensen schoss ihm einen schnellen Seitenblick zu. „Ja, das hab ich auch gehört. Aber gesehen habe ich es nicht. Sind Sie immer noch in der Armee, Sir?"

Leighton sah Jensen aus schmalen Augen an. „Tatsache ist, Jensen, dass ich mit meinem Schwager unterwegs bin. Er ist einer von diesen Weichlingen, von denen Sie eben gesprochen haben. Ein Missionar. Wir sind unterwegs nach Crow Creek, mit Hilfsgütern für die Dakota.“

„Hätte nie gedacht, dass Major Elliot Leighton mal zu einem Indianerfreund wird!“, sagte Jensen.

„Das bin ich auch nicht“, sagte Leighton. „Aber ich habe mitbekommen, dass die Armee Frauen und Kinder aushungert. Und das ist einfach nicht richtig.“

Jensen murmelte etwas von „nur gerecht“ und zog sich zurück. Elliot zündete sich eine Zigarette an und inhalierte den Rauch tief. Er hatte lange nicht an Antietam gedacht und er hätte Jensen dafür prügeln können, dass er ihn daran erinnert hatte. Beinahe konnte er sich selbst wieder schreien hören, als seine Hand abgetrennt wurde und in einem Regen von Blut vor seinen Füßen landete.

15

Wer den Schwachen unterdrückt, beleidigt seinen Schöpfer. Wer dem Hilflosen beisteht, ehrt ihn.
Sprichwörter 14,31

Elliot und Simon kamen aus dem Büro des Landagenten, wo sie die Verteilung ihrer Hilfsgüter arrangiert hatten, als sie eine Dakota-Frau bemerkten, die im Straßenstaub herumkroch und in den Pferdeäpfeln zu wühlen schien. Als sie umfiel und liegenblieb, eilte Simon an ihre Seite. Sie flüsterte etwas.

„Was sagt sie?“, wollte Elliot wissen, der sich neben Simon kniete.

„Suppe“, krächzte Simon und zeigte auf die zerfetzte Tasche neben der Frau. Einige verdreckte Haferkörner lagen darin. „Sie sagt, sie will Suppe kochen.“

Die beiden Männer starrten ungläubig auf die Körner, dann auf die noch dampfenden Pferdeäpfel, aus denen die Frau sie offensichtlich herausgeklaubt hatte.

„Lieber Gott im Himmel!“, stieß Elliot hervor.

Simon nahm die halb bewusstlose Frau auf seine Arme und stolperte mit ihr wieder zurück in das Gebäude des Agenten.

„Was ist denn das?“, fragte Harry Finley angeekelt und sah von seinem Schreibtisch auf.

„Eine Frau kurz vor dem Verhungern“, sagte Simon und legte die Frau vorsichtig auf Finleys Tisch ab.

Finley sprang auf. „Bringen Sie dieses stinkende Etwas sofort hier raus! Gleich kriechen hier überall Läuse herum!“

„Ich brauche Waffen“, sagte Simon knapp. „Fünfzig Stück. Das heißt, wenn ich hier fünfzig einigermaßen gesunde Männer auftreiben kann. Ich möchte, dass Sie einen Jagdausflug genehmigen, den mein Schwager und ich leiten werden.“

„Machen Sie sich nicht lächerlich!“, schnaubte Finley. „Ich werde doch meinen Gefangenen keine Waffen in die Hand drücken! Seien Sie vernünftig, Reverend. Ich weiß, dass hier einiges nicht zum Besten steht. Darum bemühe ich mich ja auch nach Kräften um Besserung."

„Das dauert viel zu lange", gab Simon zurück. „Vor der Stadt lagern tausend halb verhungerte Menschen, die den Winter nicht überleben, wenn sie nicht sofort besser versorgt werden. Ihre letzte Lieferung bestand aus verdorbenem Fleisch und madendurchsetztem Mehl." Simon beugte sich über die bewusstlose Frau. „Wie viele Kinder müssen noch sterben? Seien *Sie* vernünftig, Finley. Eine Jagdgesellschaft auszurüsten ist nicht riskant, sondern der einzig logische Schritt!"

Der Agent kratzte sich am Kinn und wandte sich dann angeekelt von der Frau auf seinem Tisch ab.

Simon stieß hervor: „Wenn Sie das ablehnen, Finley, werde ich persönlich dafür sorgen, dass sie hochkant rausfliegen, und wenn ich dafür diese Frau zu Fuß nach Washington tragen muss!" Er strich der Frau über das schwarze Haar. „Sie ist kein Tier, Finley. Sie ist die Ehefrau von jemandem, die Mutter von jemandem. Wie würden Sie es finden, wenn Ihre Mutter im Pferdemist nach halb verdauten Haferkörnern suchen müsste?"

Finley sagte nichts.

Simon wandte sich an Elliot. „Bring sie zu Gute Mutter. Ihr Zelt ist gleich neben dem Osttor. Eine rote Sonne ist darauf gemalt. Und hol vorher noch einen Sack Getreide für sie aus dem Wagen. Ich komme gleich nach."

Elliot nahm die Frau hoch und wollte sich auf den Weg machen. Ohne den Blick von Finley zu wenden, sagte Simon: „Gute Mutter soll verbreiten, dass ich fünfzig Jäger brauche. Sie sollen in einer Stunde am Haupttor sein."

Als Leighton mit der Frau fort war, inspizierte Finley sorgfältig seinen Tisch, während Simon sich wieder zu beruhigen versuchte. Finley wischte den Tisch mit einem Lappen ab, während er sagte: „Ich bin kein schlechter Mensch, Reverend Dane. Mir ist klar, dass die Menschen hungern, und ich tue mein Möglichstes, um ihnen zu helfen. Aber die Dürre ..."

„Wenn Sie diese Menschen kennen würden", sagte Simon

ruhiger, „wüssten Sie, dass sie die feindlichen Sioux ebenso sehr fürchten wie wir. Darum sind sie ja hergekommen, statt sich irgendwo neu anzusiedeln.“ Er sah Finley eindringlich an. „Geben Sie uns einfach fünfzig Gewehre und lassen Sie uns auf die Jagd gehen.“

„Also gut“, sagte Finley. „Aber ich schicke eine Militäreskorte mit Ihnen, und sobald es irgendwelche Probleme gibt ...“

Simon hatte sich schon umgedreht und winkte nur mit der Hand. „Es wird keine Probleme geben. Sie haben mein Wort.“

*

Als Elliot sich dem beschriebenen Zelt näherte, sprang eine alte Frau auf und stieß einen Schrei aus. Sie und eine Hand voll alter Männer kamen auf ihn zu. Sie sahen kein bisschen so aus wie die „edlen Wilden“, die in den Zeitungen an der Ostküste abgebildet waren. Sie hatten wettergegerbte Gesichter und klauengleich dürre Hände. Einige von ihnen schwankten bedenklich. Elliot fühlte sich wie in einer Art Albtraum, in dem er von lebenden Leichen umgeben war. Die alte Frau, die einen hüftlangen weißen Zopf trug, schlug die Klappe des Zelts zurück.

„Reverend Dane ...“ , begann Elliot unschlüssig.

„Sie sind mit Reverend Dane hier?“, fragte sie in flüssigem Englisch.

Leighton nickte und sah auf die noch immer bewusstlose Frau in seinen Armen herab. „Sie ist auf der Straße zusammengebrochen.“

Die Alte strich der Frau sanft die Haare aus dem Gesicht. „Büffelmond“, sagte sie leise. „Bringen Sie sie herein.“

Elliot duckte sich ins Zelt und legte Büffelmond vorsichtig auf eine abgenutzte Bettstatt neben dem Feuer. Das spartanisch eingerichtete Tipi war überraschend sauber. Die alte Frau kam mit einem feuchten Tuch und wusch Büffelmond das Gesicht, wobei sie in ihrer Kehle beruhigende Laute machte.

„Wir haben Lebensmittel dabei“, sagte Elliot. „Ich hole einen

Sack Mehl." Er ging wieder hinaus, wo die anderen geduldig warteten. Als er mit dem Sack zurückkam, grinsten ihn alle glücklich an. Einer tätschelte ihm dankbar die Schultern.

Irgendwann kam Simon mit einem ihrer Wagen und die kleine Gruppe begrüßte ihn freudig. Ein alter Mann weinte sogar. Simon legte ihm einen Arm um die Schultern und führte ihn zu Elliot.

„Dies ist Büffelmonds Vater. Er möchte dir danken, dass du das Mehl gebracht hast!"

Eine Frau berührte Elliots weißes Haar und sagte etwas, das die anderen zum Lachen brachte.

„Sie sagt, du müsstest Silberfuchs genannt werden", grinste Simon. „Das ist ein Kompliment, Elliot. Ich habe erst nach sehr langer Zeit einen Namen von ihnen bekommen und der war alles andere als schmeichelhaft!" Auf Elliots fragenden Blick fügte er hinzu: „Sie nannten mich Viele Worte – wegen meiner ellenlangen Predigten."

„Nennen sie dich immer noch so?"

„Nein, aber mein jetziger Name ist nicht leicht zu übersetzen." Simon ging auf Gute Mutters Tipi zu. „Er bedeutet ungefähr: *Der heilende Worte bringt*." Er spähte ins Tipi. „Wird sie durchkommen, Gute Mutter?"

Die alte Frau hatte bereits den Sack Mehl geöffnet und knetete Teig in einer Holzschüssel. Sie sah zu Büffelmond hinüber und zuckte die Achseln. Dann formte sie ein flaches Brot aus dem Teig und legte es auf einen Rost über dem Feuer. „Wenn ich etwas hiervon in sie hineinbekomme, sollte sie sich besser fühlen. Ob das aber genug ist, um sie zu retten ... das weiß nur Gott."

Simon nickte zu Elliot. „Das ist der Bruder meiner Frau Ellen. Elliot Leighton."

Bei der Erwähnung von Ellens Namen stand Gute Mutter auf. Sie stellte sich vor Elliot hin und sah ihn genau an. Dann lächelte sie zahnlos und sagte: „Sie hatte nicht so viel Traurigkeit in ihren Augen, aber ich erkenne sie in dir." Sie streckte eine Hand aus. „Willkommen."

Simon erklärte: „Gute Mutter ist die Dakota, von der ich dir erzählt habe – die sich so um Gen und die Kinder gekümmert hat."

Elliot verbeugte sich steif. „Ich danke Ihnen. Miss Jane Williams hat mir auch viel von Ihnen erzählt."

Gute Mutter grinste breit. „Sagen Sie Miss Jane, dass ich sie nicht vergessen habe. Ich hoffe, dass sie bald zu uns kommt. Wir haben nicht mehr viele Kinder, aber die, die überlebt haben, würden gern zur Schule gehen. Alle Kinder haben Miss Jane geliebt."

Elliot und Simon verbrachten den Rest des Tages damit, die Lebensmittel und Hilfsgüter möglichst gerecht zu verteilen. In einem Lager bestand die Familie darauf, dass Elliot und Simon mit ihnen aßen.

„Das ist doch absurd", protestierte Elliot. „Sie sind am Verhungern und wollen ihr Essen mit uns teilen?"

Simon lächelte. „Nicht schlecht für blutrünstige Wilde, was, Schwager?"

Das Gebetstreffen an diesem Abend war die nächste Überraschung. Fast jeder Anwesende wechselte ein paar nette Worte mit Elliot. Als etwa hundert Menschen versammelt waren, erhob sich ein zerbrechlich aussehender Mann, las etwas aus der Bibel vor und hielt dann mit leiser Stimme eine kurze Predigt. Danach standen verschiedene Leute auf und sagten etwas; Elliot begriff, dass es sich um persönliche Zeugnisse handeln musste. Anschließend sangen sie noch eine gute Stunde lang zusammen Lieder und dann gingen alle wieder nach Hause.

Später trafen sich Elliot und Simon noch mit dem Missionar John Masters, dessen Bildung und Leidenschaft für seinen Dienst unter den Dakota Elliot tief beeindruckte. „Ich wünschte, wir hätten die Möglichkeit, Miss Williams und Miss Huggins herzuholen. Die Menschen hungern nach Lehre – sowohl in Gottes Wort als auch in den grundsätzlichen Dingen wie Lesen und Schreiben."

„Aber Sie werden doch keine Frauen hierher bringen!", sagte Elliot entsetzt und sah die elenden Baracken um sie herum an.

„Ihre Anwesenheit wäre eine große Hilfe", sagte Masters schlicht. „Besonders Miss Williams ist eine große Bereicherung und eine exzellente Lehrerin. Wenn der Winter kommt, gibt es so viel ungenutzte Zeit. Es wäre eine großartige Möglichkeit."

„Was ist mit den Kindern?", fragte Leighton.

Masters starrte ihn an. „Es sind nicht viele übrig."

Leighton musste schwer schlucken. „Es tut mir Leid, ich ..." Er sah zu Simon. „Ich dachte ..."

„Du dachtest, ich übertreibe", sagte Simon. „Das denken die meisten Leute. Darum hält diese untragbare Situation hier ja immer noch an." Er ballte eine Hand zur Faust und schlug auf den Tisch. „Wir brauchen jemanden, der den Menschen im Osten klar macht, was hier passiert. Jemand, der vertrauenswürdig ist und ein Herz für die Indianer hat. Ich will einfach glauben, dass sich etwas ändern würde, wenn die Leute wirklich über die Zustände hier Bescheid wüssten." Er seufzte. „Doch im Moment können wir nichts weiter tun, als uns zusammenzukauern und auf den Winter zu warten. Wir sollten beten, dass die Jagd erfolgreich wird!"

Leighton hatte angenommen, dass Simon im übertragenen Sinne sprach, doch zu seiner Überraschung neigten beide Missionare die Köpfe und baten Gott, ihnen genug Wild über den Weg zu schicken.

Am Morgen erwachte Elliot und bemerkte, dass Simon nicht da war. Elliot trat hinaus und sah ein kleines Häuflein Dakota auf dem Hügel hinter Gute Mutters Tipi. Leighton ging zu ihnen und fand Simon in einem Loch, das er selbst gegraben hatte. Daneben lag eine in eine Decke eingewickelte Leiche.

Gute Mutter kam an Elliots Seite. „Büffelmond", sagte sie rau.

Leighton seufzte. „Das tut mir Leid. Ich wünschte, Simon und ich wären früher hier gewesen."

„Das hätte keinen Unterschied gemacht", sagte Gute Mutter. „Sie hatte ihren Lebenswillen verloren. Ihr Ehemann ist in Gefangenschaft und als letzte Woche ihr Sohn starb, hatte sie nichts mehr, was ihren Geist hier gehalten hätte."

16

Was in den heiligen Schriften steht, wurde geschrieben, damit wir daraus lernen. Es soll uns Mut zusprechen, damit wir standhaft bleiben und das Ziel erreichen, auf das wir hoffen.
Römer 15,4

Er ritt durch vertrautes Gebiet auf die untergehende Sonne zu. Ein Dutzend Winter lang war Leuchtender Stern mit den anderen Dakota zur herbstlichen Büffeljagd nach Westen gezogen. Er warf einen Blick auf den prächtigen Hengst und stellte sich vor, wie es wäre, auf einem solchen Pferd mitten in eine donnernde Herde Büffel hineinzureiten. Doch nun war es so still, dass er das trockene Gras unter den Hufen der Pferde rascheln hörte.

Er fragte sich, ob jemand von seinen früheren Freunden in Crow Creek war. Die Scouts hatten immer wieder Gerüchte gehört und er konnte nur hoffen, dass es dort nicht wirklich so schrecklich war, wie es sich anhörte. Gott sei Dank musste er nicht dort hingehen!

Er erinnerte sich an Roberts Frage, ob es nichts gebe, wofür er dankbar sei. Nun, das war ein Grund zu Dankbarkeit.

Daniel ritt den ganzen Tag und genoss die Sonne auf seinem Gesicht. „Sobald wir weit genug westlich sind, lasse ich dich frei, mein Freund“, sagte er zu dem Hengst, als er ihm und dem Braunen abends die Fußfesseln anlegte. „Aber heute musst du noch in meiner Nähe bleiben.“

Er machte Feuer und nahm das Kaninchen aus, das er am Nachmittag geschossen hatte. Dann schnitzte er sich einen Spieß und sah zu, wie das Kaninchen darauf garte. Die Nacht war friedlich. Ein Abendwind brachte Kühlung und Daniel lehnte sich mit geschlossenen Augen an seinen Sattel. Beinahe konnte er so tun, als wäre das Leben schön.

Er war eingedöst, als der Cremello-Hengst ihn anstupste. „Wen hat Otter wohl umgebracht, um dich zu bekommen?“, murmelte Daniel und kraulte das Tier am Kinn. „In meinem Herzen will ich dich behalten.“ Er seufzte und schüttelte den Kopf. „Aber ich bin kein Krieger mehr und brauche kein *Wakan* - kein Kriegsross. Es würde die Soldaten nur an andere Zeiten erinnern.“

Er streichelte gedankenverloren das weiche Fell des Tieres. Es war nicht leicht, unter Soldaten zu leben, die nichts über die Indianer wussten und voller Vorurteile steckten. Und ihr Bekenntnis zum Christentum machte es nicht leichter für sie. Daniel konnte das verstehen; auch Brady Jensen hatte sich Christ genannt und kein bisschen danach gelebt. In dieser Hinsicht standen sie sich in nichts nach.

Er schickte den Hengst wieder weg und widmete sich dem Kaninchen. Es war gar und Daniel dankte Gott für das Essen, bevor er sich etwas nahm. Er erinnerte sich an einen Abend, als sie mit Captain Willets am Lagerfeuer gesessen hatten. Big Amos hatte ihm von seiner Bekehrung erzählt und Willets hatte aufmerksam zugehört.

„Ich bin kein Christ, Big Amos, aber ich muss sagen, dass ich von dir wirklich beeindruckt bin. Du lebst tatsächlich das, was du glaubst“, hatte er gesagt.

Captain Willets - der hoch gewachsene blonde Mann - war überhaupt das komplette Gegenteil von dem, wie Daniel höherrangige Militärs einschätzte. Er bildete sich seine Meinung aufgrund eigener Erfahrungen und behandelte die Scouts voller Respekt und Freundlichkeit. Von ihren Fähigkeiten war er offen beeindruckt und sprach das auch aus.

Daniel aß sich satt und holte dann Etienne LaCroix' Skizzenbuch aus seiner Satteltasche. Während das Feuer langsam erstarb, sah er in den Himmel und fragte sich, wo Himmelsauge jetzt wohl gerade war. Oft stellte er sie sich mit dem blonden Kind auf dem Schoß vor, das sie gefunden hatten, wie sie ihm ein Dakota-Wiegenlied vorsang. Als er sich wieder einmal klarmachte, dass sie inzwischen vermutlich mit Simon Dane verheiratet war, legte er das Buch weg und versuchte zu schlafen. Doch irgendwo in der Ferne schrie ein Puma und die Pferde wurden nervös. Daniel stand auf, legte neues Feuerholz nach und holte die Pferde in die Nähe des Feuers. Dann legte er sich wieder hin.

In der Nacht erwachte er von einem verkohlten Geruch und stellte fest, dass er seine Satteltaschen im Schlaf zu nah ans Feuer geschoben hatte. Er fluchte leise, als er sah, dass Roberts Bibel angekokelt war. Vorsichtig blätterte er im Feuerschein darin und blieb bei der Geschichte von Daniel hängen, dessen Namen er sich damals ausgesucht hatte.

Noch immer fand er das Buch schwer zu verstehen, aber es gab eine Passage, die direkt zu ihm zu reden schien: „Du enthüllst, was tief verborgen ist, du siehst was im Dunkeln ist; doch dich selbst umstrahlt reinstes Licht.“ Daniel sah auf. Wenn Gott wirklich Verborgenes enthüllte, warum ließ er Daniel dann nicht verstehen, was in seinem Leben passierte?

Er dachte an Roberts Drängen, dass er mehr Glauben brauche. Welche Stelle hatte er erwähnt? Hebräer 11?

„Gott vertrauen heißt: Sich verlassen auf das, was man hofft, und fest mit dem rechnen, was man nicht sehen kann ... Weil Abel Gott vertraute ... Weil Henoch Gott vertraute ... Weil Noah Gott vertraute ...“

Zu jedem Namen fiel Daniel die Geschichte der Person ein, die die Missionare in Hazelwood erzählt hatten. „Weil Isaak Gott vertraute ... Weil Josef Gott vertraute ... Weil Mose Gott vertraute ... Sie sorgten für Recht und erlebten, dass Gott seine Zusagen erfüllt. Sie hielten Löwen das Maul zu und löschten glühende Feuer. Sie entgingen dem gewaltsamen Tod. Sie waren schwach und wurden stark. Sie kämpften wie Helden ...“

Daniel hielt inne. Er hatte eindeutig noch nichts Großartiges nur im Vertrauen auf Gott vollbracht. Er las weiter von Steinigungen, Qualen, Gefängnis und Folter. Dann kam der verwirrende Satz: „... und doch hat keiner von ihnen die Gabe bekommen, die Gott versprochen hatte.“

Das begriff er nicht. Diese Menschen hatten im Vertrauen auf Gott gelitten und waren dennoch nicht belohnt worden?

„Sie selbst haben nicht bekommen, was Gott versprochen hatte, aber sie sahen es aus der Ferne und freuten sich darauf. Sie sprachen offen aus, dass sie nur Gäste und Fremde auf der Erde waren. Wer so etwas sagt, bringt zum Ausdruck, dass er eine Heimat sucht. Sie sehnten sich nicht zurück in das Land, das sie verlassen hatten; sonst wären sie wieder zurückgekehrt. Sie sehnten sich vielmehr nach einer besseren Heimat, nach der himmlischen ..."

Sie hatten die Tatsache akzeptiert, dass sie nur zu Besuch hier auf der Erde waren und ihre Belohnung im Himmel auf sie wartete. Doch alles in Daniel rebellierte gegen diese Idee. Er wollte seine Farm zurück, sein altes Leben, die Frau, die er liebte - und zwar hier und jetzt, nicht irgendwann im Himmel!

Daniel las das Kapitel zu Ende und es schien ihm, als würde Gott direkt zu ihm sprechen: „Darum wollen wir uns von allem freimachen, was uns beschwert ... wir wollen durchhalten in dem Lauf, zu dem wir angetreten sind ..."

Ich weiß nicht, ob ich das kann, dachte Daniel. Er sah Himmelsauge vor sich. Was, wenn er den Lauf, zu dem er angetreten war, allein zu Ende bringen musste? Der Gedanke ließ ihn erschaudern.

„Geht gerade Wege .... bemüht euch um Frieden mit allen Menschen ... seid auf der Hut vor Bitterkeit ..." Das war es, merkte Daniel. Das, was ihn beinahe zerstört hatte. Seit Monaten nährte er nun schon so eine bittere Wurzel, ließ sie wachsen und gedeihen, bis sie sein schwaches Glaubenspflänzchen beinahe erstickt hatte. Kein Wunder, dass er so unglücklich war. Kein Wunder, dass er sich so leer fühlte und am liebsten sterben wollte. Geistlich gesehen war er sowieso schon halb tot.

Daniel las bis zum Morgengrauen und schlief dann zum ersten Mal seit vielen Monaten tief, traumlos und friedlich ein.

*

Es passierte so schnell, dass er kaum reagieren konnte. Ein scharfer Schrei erklang auf dem Felsen über ihm und innerhalb von Sekundenbruchteilen landete der Puma, den er in der Nacht gehört hatte, auf dem Rücken des Hengstes. Das Pferd schlug voller Panik um sich und hätte Daniel beinahe den Schädel eingetreten, als er aufsprang und sein Messer zückte. Es herrschte das totale Chaos. Der braune Wallach hüpfte hysterisch wiehernd mit seinen Fußfesseln herum, während die große Katze dem Cremello im Genick saß und ihm die Schultern zerkratzte, bis das Blut hinunterlief. Dann grub der Puma seine Zähne in den Hals des Hengstes und das Pferd brach zusammen. Alles wurde unnatürlich still.

Als der Staub sich legte, starrte die Raubkatze mit peitschendem Schwanz über die weiße Mähne hinweg auf Daniel. Das Pferd lag still da und Daniel kauerte sich hin, das Messer vor sich. Plötzlich sprang der Puma auf ihn los. Daniel stieß einen schrillen Kampfschrei aus und rannte dem Tier entgegen. Der Puma hatte kaum Zeit, Daniel an der Schulter zu streifen, als er ihm auch schon mit durchbohrtem Herzen zu Füßen fiel.

Daniel fiel rücklings in den Dreck und starrte die tote Raubkatze ungläubig an. Sein rechter Ärmel hing in Fetzen, aber anscheinend hatte Daniels Schrei den Puma so irritiert, dass er nicht richtig zugeschlagen hatte.

Der Hengst schnaubte verwirrt, hob den Kopf und versuchte dann, auf die Beine zu kommen. Schnell zog Daniel das Messer aus dem Körper des Pumas und durchschnitt dem Pferd die Fußfesseln. Leicht kam es auf die Beine, schnaubte die tote Katze an und tänzelte dann kopfschlagend davon. Anscheinend hatte der Genickbiss das Pferd nur betäubt gehabt. Daniel seufzte vor Erleichterung und ging dem Hengst langsam nach, um seine Verletzungen zu untersuchen. Er würde einige Narben zurückbehalten, aber es war nichts Schlimmes. Daniels Knie zitterten, als er auch den Wallach befreite und dann beide Pferde zum Fluss führte. Die Tiere waren sehr schreckhaft und Daniel brauchte eine Weile, bis er den Hengst ins Wasser gebracht hatte und die Wunden auswaschen konnte.

Am frühen Vormittag hatte Daniel den Puma gehäutet und den Kadaver weggeschleift. Er hatte eine Heilpflanze gefunden, die seine Mutter immer benutzt hatte, sie zerstampft und die Wunden des Hengstes mit dem Brei eingeschmiert. Der Cremello schien seine Begegnung mit dem Puma gut verkraftet zu haben und Daniel musste sich widerstrebend eingestehen, dass es keinen Grund gab, das Tier nicht freizulassen.

Am Abend führte er das Pferd auf einen Hügel und sah mit ihm zusammen in die sinkende Sonne.

„Du gehörst hierher, mein Freund“, sagte er und fuhr dem Pferd durch die wallende Mähne. „Ich wünschte, du hättest Otter in ein friedliches Leben tragen können.“ Er musste seine Tränen zurückblinzeln, bevor er dem Pferd das Halfter abnehmen konnte.

Der Hengst schien zuerst gar nicht zu begreifen, dass er frei war. Daniel klatschte ihm mit der Hand gegen den Bauch. „Los! Lauf!“ Er wedelte mit den Armen. Der Hengst tänzelte verwirrt zur Seite, dann stieg er auf die Hinterbeine und wedelte wie zum Abschiedsgruß mit den Hufen durch die Luft. Er warf sich herum und galoppierte in einer Staubwolke davon.

Daniel sah ihm mit einem traurigen Lächeln nach. „Herr, ich lasse mit diesem Hengst all meine Bitterkeit dahinfahren. Reinige mich von ihr. Mach mich so weiß wie dieses Pferd. Ich möchte den Lauf mit dir beenden, Vater.“

Lange Zeit sah er der untergehenden Sonne nach, bevor er ins Lager zurückkehrte, um die Haut des Pumas zu bearbeiten. Er arbeitete noch immer daran, als Robert und Big Amos ins Lager ritten.

„Wo ist der Hengst?“, fragte Big Amos sofort.

„Fort“, gab Daniel zurück. „Ich habe ihn vorhin freigelassen.“

„Und das da?“, fragte Robert mit einem Nicken in Richtung Pumafell.

Daniel hielt es hoch. „Die Löwen haben gebrüllt, aber sie haben mich nicht verschlungen. Unser Gott hat mich beschützt – wie den anderen Daniel.“

Er war überrascht, als er Tränen in Roberts Augen sah und Big Amos ihn in eine Bärenumarmung schloss. Dann warf Amos den Kopf in den Nacken und rief laut: „*Wakantanka waste*!“ – „Gott ist gut!“

17

Strebt nicht nach Ehre und Ansehen, sondern wendet euch den Geringen und Unterdrückten zu.

Römer 12,16

Elliot Leighton lag auf dem Rücken und hörte Simon wieder und wieder husten. Er setzte sich auf. „Du musst zu einem Arzt, Simon!"

„Tut mir Leid, wenn ich dich gestört habe, Elliot", keuchte Simon und dann kam auch schon der nächste Hustenanfall.

„Ach was, mach dir um mich keine Gedanken. Du bist es, der mir Sorgen macht! Du bist halb tot von der Jagd zurückgekommen. Und jetzt ist es auch noch so kalt geworden."

„Ich fange mich schon wieder", röchelte Simon.

Elliot stand auf und ging zu Simon herüber. Er legte ihm eine Hand auf die Stirn und sagte entsetzt: „Du glühst ja!"

„Ach, so schlimm ist es nicht", beharrte Simon und umklammerte seine Decke, um sein Zittern zu verbergen.

„Ich hole Gute Mutter. Sie ist das, was einem Arzt zumindest am nächsten kommt. Vielleicht weiß sie, was zu tun ist." Damit nahm er seinen Mantel und eilte nach draußen.

Simon lauschte auf seine Schritte und dankte Gott leise für ihn. Für einen Mann, der die Indianer verabscheute, hatte er sich ziemlich gut weiterentwickelt. Dass er jetzt Gute Mutter holte, sprach Bände über seine veränderte Einstellung.

Simon stand auf und zwang sich, trotz des scharfen Schmerzes tief durchzuatmen. Einen Moment lang fühlte er sich besser, doch dann wurde ihm schwindelig und er kroch schnell wieder ins Bett.

„Sie will, dass du in ihr Tipi kommst", sagte Elliot schroff. „Da hat sie alles, was sie braucht. Sie will nicht in das Haus eines Weißen Mannes kommen. Meinst du, du kannst gehen?"

„Natürlich kann ich gehen!", sagte Simon beleidigt und stemmte sich hoch. Doch er hatte erst einen Arm in seinen

Mantel gesteckt, als er ins Schwanken geriet und beinahe umgefallen wäre. Elliot stützte ihn gerade noch rechtzeitig. Er führte ihn halb tragend zu Gute Mutter und wunderte sich dabei, wie leicht Simon zu sein schien.

Gute Mutter kümmerte sich um Simon, wie es zu ihrem Namen passte. Sie bereitete eine übel riechende Tinktur zu und schmierte sie auf seine Brust. Dann verbrannte sie irgendwelche Kräuter und ließ ihn den Rauch einatmen. Woraufhin ihn der folgende Hustenanfall den entzündlichen Schleim abhusten ließ, der in seinen Atemwegen festgesessen hatte. Gute Mutter inspizierte den Auswurf sehr genau. Elliot kam sich nutzlos vor und hatte wenig Vertrauen in das, was Gute Mutter da tat.

„Geh ins Bett, Silberfuchs", sagte Gute Mutter. „Ich hole dich, wenn es eine Veränderung gibt. Und bete für ihn! Er ist sehr krank - du hättest ihn schon viel früher zu mir bringen sollen."

Elliot kehrte in ihre ärmliche Hütte zurück. Um ihn herum war alles dunkel und irgendwo heulte ein Wolf. Elliot erschauderte. Er legte sich hin, konnte aber nicht schlafen. Also setzte er sich ans Feuer und sah in die Flammen in der Feuerstelle. Er musste an ein Gespräch denken, das er vor kurzem mit Simon geführt hatte.

*

„In den alten Zeiten hatte jeder Familienclan der Dakotas einen eigenen Leiter und im Camp hatte wiederum jede Familie ihren angestammten Platz", erklärte Simon. „Die Tipis wurden nach Osten, zur aufgehenden Sonne, ausgerichtet. Eine weitere Öffnung nach Süden hin diente dazu, die Pferde morgens auf die Weide und zur Tränke zu bringen und abends wieder hinein. Jedes Camp gruppierte sich um ein Ratstipi. Alles war sehr gut organisiert, sehr geordnet. Ich habe selbst erlebt, wie ein Camp innerhalb von zwei Stunden komplett abgebaut und unterwegs war." Er nahm einen Schluck Kaffee. „Die Dakota sind wirklich bemerkenswerte Menschen. Den Gegebenheiten dieses Landes perfekt angepasst." Er gestikulierte zur Tür hinaus. „Wenn du genau hinsiehst, entdeckst du diese traditionelle Anordnung der Tipis sogar hier." Er schüttelte traurig den Kopf. „Wenn wir Weißen sie einfach in Ruhe gelassen hätten, würden sie jetzt nicht verhungern."

Elliot hörte interessiert zu. In den Wochen, die er jetzt hier war, hatte er gemerkt, wie die Menschen auf Simon reagierten, und er hatte einiges über sie gelernt; ihre bereitwillige Großzügigkeit, ihre Fürsorge. Er begann, sie als Mitmenschen zu sehen, und gleichzeitig begann er sich zu verändern.

„Sie sind schon immer sehr spirituell gewesen", erklärte Simon ihm, als sie zusammen auf der Jagd waren und auf einen seltsamen Stapel mit Büffelschädeln stießen. „Fast alles im Leben hat für sie eine geistliche Bedeutung. Ihre Mythologie ist von erstaunlicher Tiefe und Schönheit. Selbst die Kriegsbemalung ist sehr aussagekräftig. Wenn ein Krieger sich zum Beispiel mit Schwarz bemalt, bedeutet das, dass er einen Feind getötet hat. Blau steht für Sieg." Er lächelte. „Auch die Art, wie die Männer ihre Federn tragen, hat etwas zu bedeuten. Die Federn eines Scouts sind gelb oder weiß bemalt und müssen herunterhängen. Hochstehende Federn stehen für den Sieg über einen Feind. Vieles wissen wir natürlich nicht, weil sie es uns nicht sagen wollen. Ich habe Büffelmond zum Beispiel einmal nach der Bedeutung eines bestimmten Symbols auf ihren Mokassins gefragt. Sie lächelte nur und sagte, es gefalle ihr einfach. Dabei weiß ich genau, dass es eine Bedeutung hatte."

Elliot war überrascht, sich sagen zu hören: „Jemand sollte all diese Dinge aufschreiben, bevor sie in Vergessenheit geraten." Er war noch überraschter zu merken, dass er das auch tatsächlich so meinte. Die Kultur der Indianer würde sich verändern und vieles würde verschwinden, wenn man es nicht dokumentierte.

„Ja", sagte Simon nur. „Das sollte jemand tun." Er lächelte Elliot an. „Vielleicht ist das deine Aufgabe, mein Bruder."

„Nein, ich nicht", sagte Elliot schnell.

Simon sah ihn genau an. „Nein, vielleicht nicht." Er grinste und trieb sein Pferd an. „Aber ich möchte dir sagen, wie froh ich bin und wie froh auch Ellen wäre, dass du diese Idee überhaupt ausgesprochen hast. Das ist eine ziemlich starke Entwicklung, wenn man deine Ausgangsposition betrachtet. Ich kenne ehrlich gesagt niemanden sonst, der der Meinung ist, die Dakota-Kultur sei bewahrenswert. Die meisten möchten sie entweder so schnell wie möglich auslöschen oder eines natürlichen Todes durch Anpassung sterben lassen."

„Und was denkst du, Simon?"

Simon schüttelte den Kopf. „Ich weiß nicht recht. Ein Teil von mir möchte, dass sie sich anpassen, um ihr Leben zu retten – und ihre Seelen. Und ein Teil von mir fragt sich, ob es nicht doch eine Möglichkeit gibt, ihre Traditionen zu bewahren und sie dennoch für Christus zu gewinnen."

„Jane sagt, sie kämpft mit denselben Fragen"; sagte Elliot.

„Jane?"

„Jane Williams. Eine äußerst redegewandte und redefreudige Person. Anstrengend."

„Die Frau ist Gold wert, Elliot. Es gibt keine bessere in ganz Minnesota!"

Elliot zog sein Gewehr unter dem Sattelblatt hervor und nickte zu einem Hirsch hin, der auf der nächsten Hügelkette aufgetaucht war. „Unglücklicherweise ist sie ganz ihren geliebten Dakota hingegeben. Wohingegen ich gedenke, in den Osten zurückzukehren und meiner Nichte und meinem Neffen eine angemessene Ausbildung zukommen zu lassen."

„Darüber kann man reden", sagte Simon und beobachtete den Hirsch, der auf sie zukam.

„Kann man?", sagte Elliot mit kaum verhohlener Überraschung.

Simon nickte. „Ja. Wenn wir diesen Hirsch ins Lager gebracht haben." Damit trieb er sein Pferd an und preschte an Elliot vorbei.

Später an diesem Abend, als sie mit zwei Hirschen ins Lager zurückgekehrt waren, kam Simon auf die Sache zurück.

„Tatsache ist, Elliot, dass ich keinen Hinweis darauf sehe,

dass sich die Lage hier in nächster Zeit beruhigt. Sibley hat noch eine andere Kampagne geplant und ob du es glaubst oder nicht – er will auch noch den Rest der Truppen von hier abziehen. Inklusive der Kanone."

„Das kann er nicht ernst meinen!", fiel Elliot ein. „Dann sind wir doch jedem Angriff hilflos ausgeliefert!"

„Ja", nickte Simon. „Und alles wird in Aufruhr bleiben. Ich kann nicht glauben, dass die Regierung das Reservat wirklich hier in Crow Creek belassen will. Irgendwann muss uns doch mal irgendjemand zuhören. Doch so lange die Dinge noch so sind, wie sie sind, wäre ich verrückt, meine Familie hierher zu bringen." Er sah Elliot an. „Für die Kinder wäre eine Zeit mit ihrer Großmutter in New York sicher sehr gut. Ich wollte es nicht zugeben, aber ich habe schon vor deinem Kommen daran gedacht. Ich fand nur, es sei zu viel verlangt von Mutter Leighton. Doch nun, da du nicht zu deinem Regiment zurückkehren wirst ..." Er brach ab.

„Ist schon in Ordnung, Simon", sagte Elliot. „Vielleicht dient ja tatsächlich alles zum Guten." Er lächelte. „Mir gefällt die Aussicht, Kinder zu haben, und da eine Ehe außer Frage steht ...", er hob seinen Armstumpf. „Mein Aufenthalt hier hat meinen Blickwinkel gewaltig verändert. Zwar teile ich deine Leidenschaft für den Dienst hier nicht, Simon, denn Gott hat mich nicht dazu berufen. Aber ich kann verstehen, was dich hierher treibt. Diese Menschen brauchen dich. Und wenn die Kinder nach New York kommen, werde ich alles für sie tun, was mir möglich ist."

Simon räusperte sich. „Du weißt, dass ich Geneviève heiraten will. Wenn sie mich nimmt ..."

Elliot rutschte unruhig in seinem Stuhl hin und her. „Ja, ich weiß. Aber es wird dir Schwierigkeiten bereiten."

„Nicht mit Menschen, die mir nahe stehen und mich gut kennen."

„Was ist mit den Kindern?"

„Sie lieben Gen!"

„Das meinte ich nicht. Ich meinte, werden sie in irgendeiner

Form darunter zu leiden haben? Gehänselt werden? Entschuldige, Simon, ich versuche nur realistisch zu sein. Weiße Kinder mit einer indianischen Mutter – die Leute werden reden!"

„Die Kinder werden damit leben können", sagte Simon fest. „Sie wissen, dass die Hautfarbe eines Menschen keine Rolle spielt."

„Natürlich stimmt das, aber nicht jeder sieht das so. Stell dir nur vor, was in New York sein wird. Willst du den Kindern das wirklich zumuten? Ist es fair, den Kindern solch ein Hindernis in den Weg zu legen?"

Simon sagte zunächst nichts. Dann antwortete er mit ruhiger Stimme: „Ich habe all das bereits in Erwägung gezogen, Elliot. Ich stimme dir zu, dass es die Situation vielleicht ein wenig verändert, wenn die Kinder im Osten sind, wo die Menschen gemischte Ehen nicht so kennen. Aber ich liebe sie, Elliot. Mit allem Respekt und eingedenk der Liebe, die ich zu deiner Schwester empfunden habe, kann ich dir sagen, dass ich Geneviève ehrlich und zutiefst liebe. Und ich glaube, dass die Kinder mit ihr als Mutter besser dran sind als ohne sie."

Elliot presste die Lippen zusammen und senkte den Kopf. Nach einer Weile hob er den Blick wieder. „Dann werde ich zu dir stehen, Simon. Zu dir und Geneviève."

„Gott sei Dank", sagte Simon impulsiv. „Aber sag mir noch, was du vorhin damit meintest, dass du gern Kinder hättest, aber eine Ehe nicht in Frage käme."

Elliot hob den Arm mit dem Haken. „Frauen schrecken hiervor zurück."

„Hat Miss Jane das auch getan?"

Elliot schüttelte den Kopf. „Nein, aber ich habe ihr gegenüber auch keine Andeutungen gemacht, dass ich an ihr als Frau interessiert bin."

„Warum nicht?"

„Weil ich es besser weiß!"

„Risiken, Elliot. Du musst Risiken eingehen."

„Das hat mir den Verlust einer Hand eingebracht!"

„Was ist schlimmer, Elliot? Ein Wagnis einzugehen und einen

Verlust zu riskieren – oder ständig vor allem zurückzuschrecken und ein Leben als Feigling zu führen?"

Elliot dachte an Brady Jensen und schwieg einen Moment. „Ich lag monatelang im Krankenhaus, Simon. Ich bin beinahe gestorben. Du hast keine Ahnung, wie das war." Er erschauderte.

„Aber du bist durchgekommen. Du hast überlebt. Du solltest hören, was die Dakotakrieger über dich sagen. Sie waren richtig stolz auf dich, als du gelernt hast, einhändig zu schießen, und schließlich sogar diesen Hirsch erlegen konntest." Simon nickte ihm zu. „Und ich sage dir, du unterschätzt Miss Williams, wenn du denkst, dass sie nur diesen Haken sieht, wenn sie dich anblickt."

„Ich würde alles dafür geben, wenn das stimmte", sagte Elliot.

„Du wirst alles dafür geben müssen, Elliot – denn du wirst nur herausfinden, aus welchem Stoff Miss Jane gemacht ist, wenn du deinen Stolz überwindest und deine Seele offenbarst."

Elliot lächelte wissend. „Ist es nicht erstaunlich, dass ein Mann, der furchtlos in den Krieg gezogen ist, sich beinahe in die Hosen macht, weil er Angst vor der Ablehnung einer ganz normalen Frau hat?"

Simon lachte. „Miss Jane ist wohl kaum eine ganz normale Frau, Bruder! Und ich hoffe, dass du eines Tages zurückschaust und weißt, dass sie jedes Risiko wert war!"

Das war vor einigen Tagen gewesen. Elliot saß in ihrem kleinen Hüttchen und machte sich Sorgen um Simon, um Meg und Aaron – und um seine Aussichten bei Miss Jane Williams. Sie würde höflich sein, da war er sicher. Ihre Abscheu verbergen. Doch unter keinen Umständen würde sie sich für einen Krüppel interessieren. Elliot seufzte und starrte in den Mond. Wenn es ihm nur endlich gelang, Simon zur Rückkehr zu überreden, denn es würde sicher schon bald Schnee geben. Hoffentlich konnte er ihn von diesem Ort wegschaffen, bevor das der Fall war ...

18

Die Liebe sucht nicht das Ihre . . .

1. Korinther 13,5

18. Dezember 1864
St. Louis, Missouri

Liebe Miss Williams,

gerade bin ich von einem ausgedehnten Auslandsaufenthalt zurückgekehrt. Ich kann mir nicht erklären, warum niemand von meinen Freunden und Verwandten mir von Ihren Anzeigen in der Zeitung erzählt hat, aber wie es aussieht, haben Sie meine Nichte und meinen Neffen, Timothy und Rebecca Sutton, in Ihrer Pflege.

Vielleicht sollte ich etwas von unseren Familienverhältnissen berichten. Meine Schwester Felicia und ich waren Zwillinge. Ich muss leider sagen, dass wir unseren Eltern viele Sorgen bereitet haben, unter anderem auch aufgrund unserer sehr eindrücklichen religiösen Bekehrung in unseren frühen Zwanzigern. Weitere Spannungen entstanden, weil wir beide nicht so recht den Erwartungen unserer Eltern entsprachen. Sie haben Felicia nie verziehen, dass sie Philip Sutton geheiratet hat und in den Westen gegangen ist - gegen ihren ausdrücklichen Wunsch.

Als ich meinem Mann Richard begegnete und ihn heiratete, war das der letzte Schlag für unsere Eltern. Sie kamen nie darüber hinweg, dass wir Männer geheiratet hatten, die nicht ihrer Wahl entsprachen und außerdem unsere persönliche Beziehung zu Jesus Christus teilten. Daher wurden wir beide enterbt.

Felicia und ich lebten weit voneinander entfernt, doch wir haben uns geschrieben und ich habe auch Fotografien von Rebecca und Timothy.

Ende des Jahres 1862 bekam ich plötzlich keine Briefe mehr von Felicia. Meine Eltern informierten mich dann vom Tod von Felicia und Philip, was ein großer Schock für uns alle war. Ich glaube, meine Eltern bereuten ihr vorheriges Verhalten nun sehr. In einem Brief, den mir meine Mutter nach Felicias Tod schrieb, klang sie völlig gebrochen. Wir konnten unsere Beziehung wiederherstellen, doch meine beiden Eltern sind einige Wochen später verstorben.

Mein Mann und ich sind jetzt erst nach St. Louis zurückgekehrt und als ich die Papiere meiner Eltern durchgegangen bin, wurde mir klar, dass Felicias und Philips Kinder noch am Leben sein könnten. Richard und ich sind leider kinderlos geblieben, Miss Williams, und die Aussicht, vielleicht Felicias Kinder finden zu können, hat eine Hoffnungsflamme in mir aufkeimen lassen, die ich kaum in Worte fassen kann!

Ich lege eine Fotografie von Richard und mir bei. Obwohl ich mich am liebsten sofort auf den Weg nach St. Anthony machen möchte, um Rebecca und Timothy zu sehen, hat Richard mich überzeugen können, dass wir Ihnen Zeit lassen sollen, damit Sie entscheiden können, wie sie die Kinder am besten auf uns vorbereiten können. Timothy ist zu klein, um sich an mich zu erinnern, aber Rebecca könnte vielleicht noch wissen, dass ich die Tante bin, die immer die Orangen geschickt hat.

Ich bin sicher, dass die Kinder inzwischen sehr an Ihnen hängen und natürlich möchte ich ihnen nach allem, was sie durchgemacht haben, weiteren Schmerz ersparen. Da ich Ihre Situation nicht kenne, zögere ich, meine Bitte vorzubringen – aber könnten Sie sich eventuell vorstellen, mit den Kindern nach St. Louis zu kommen? Wir würden Ihnen gern Kost und Logis sowie ein Gehalt anbieten, um den Kindern die Eingewöhnung so leicht wie möglich zu machen.

Kein Geld der Welt könnte das aufwiegen, was Sie für die Kinder getan haben, Miss Williams. Dennoch hoffen wir, dass der beiliegende Betrag Sie unserer Dankbarkeit und guten

Absichten versichern hilft. Außerdem haben wir einen Brief von unserem Pastor Irvine beigelegt, sozusagen als „Empfehlungsschreiben“ für uns und unsere Fähigkeiten als angehende Eltern.

Voller Spannung erwarten wir Ihre Antwort!

Herzlichst,

Fanny und Richard Laclede

Miss Jane wartete mit ineinander verschlungenen Händen, während Nina Whitney und Gen am Küchentisch saßen und den Brief lasen.

Gen hielt einen Scheck hoch. „Tausend Dollar!“, rief sie ungläubig.

„Ich weiß“, sagte Miss Jane. „Lest mal, was Pastor Irvine über sie schreibt.“

Nachdem sie auch den zweiten Brief gelesen hatte, meinte Nina: „Sie klingen fast zu gut, um wahr zu sein!“

„Ja“, sagte Miss Jane nur und setzte sich abrupt. „Das ist doch wunderbar, nicht?“ Sie sah von Gen zu Nina, und dann brach sie unvermittelt in Tränen aus.

Gen legte ihr einen Arm um die Schulter und Nina bot Miss Jane ein Taschentuch an, das sie annahm. „Ich ... ich habe um Gottes Führung gebetet. Ich fühlte mich so angebunden mit Timothy und Rebecca. Nächtelang habe ich wach gelegen, weil ich mich so sehr in die Missionsarbeit zurückwünschte. Und nun tut der Herr genau das, was ich wollte, und dann auch noch in solcher Perfektion – und ich werde zu einem Häufchen Elend! Also wirklich!“

Nina las den Brief der Lacledes noch einmal durch. „Sie hören sich an wie ernsthafte, überzeugte Christen. Und offensichtlich sind sie finanziell gut gestellt.“ Sie sah Miss Jane an. „Was wirst du tun?“

„Zuerst mal werde ich es natürlich Rebecca und Timothy erzählen.“ Miss Jane atmete tief durch. „Falls sich Rebecca wirklich noch an Fanny erinnert, wäre das natürlich eine große Hilfe.“ Sie stand auf und zerknüllte das Taschentuch in einer Hand. „Ich sehe keinen Grund, das Ganze noch hinauszuzögern." Damit machte sie sich auf den Weg zu Rebeccas Zimmer.

Rebecca hatte mehr als nur eine vage Erinnerung an die Tante, die die Orangen geschickt hatte. „Mama hat dauernd von Tante Fanny geredet", sagte sie eifrig. „Sie hat ganz dunkle Haare und dunkle Augen, genau wie Mama. Sie hat Richard geheiratet und sie sind nach Frankreich gegangen. Sie waren dort sehr glücklich. Wir hatten ein Bild von ihnen in unserem Album." Sie runzelte die Stirn. „Aber das haben die Indianer kaputtgemacht, als sie Mama und Papa getötet haben." Sie sah Miss Jane an. „Sie haben alles verbrannt und Timothy und ich mussten zugucken." In ihren Augen glitzerte es und ganz plötzlich wechselte sie das Thema. „Mama sagte, Tante Fanny hätte als Erste lesen gelernt und auch als Erste den Herrn Jesus in ihr Herz eingeladen. Sie haben sich zusammen Theaterstücke ausgedacht und sie im Wohnzimmer aufgeführt."

„Nun", sagte Miss Jane ruhig, „da bin ich aber froh, dass du dich so gut an sie erinnerst, weil deine Tante Fanny uns nämlich einen Brief geschrieben hat. Sie wünscht sich sehr, dass du und Timothy zu ihr nach St. Louis kommt und von nun an dort mit ihr lebt."

Die Kinder sahen sich an, dann fragte Timothy besorgt: „Willst du uns denn nicht mehr haben, Tante Jane?"

Miss Jane unterdrückte ein Schluchzen und nahm Timothy in die Arme. „Oh, mein lieber Junge! Natürlich will ich euch noch haben. Aber ich bin ja nur eine allein stehende Frau. Deine Tante Fanny und ihr Mann wünschen sich schon ganz lange Kinder und waren ganz traurig, weil Gott ihnen bisher keine geschenkt hat. Bei ihnen hättet ihr eine richtige Familie mit einer Mama und einem Papa. Und Tante Fanny sieht genauso aus wie eure Mutter."

„Aber du hast auch keine Kinder", sagte Timothy ganz logisch. „Und wenn wir nicht mehr da sind, dann bist du doch ganz allein!"

Rebecca schubste ihren Bruder leicht an. „Miss Jane kann

doch dann wieder zu den Indianern gehen, dann hat sie ganz viele Dakota-Kinder zum Liebhaben."

Jane nickte. „Ich habe Gott gebeten, mir zu sagen, was ich tun soll. Und wenn ihr ein wunderbares neues Zuhause in St. Louis bekommt, dann heißt das vielleicht, dass ich wieder zu den Indianern gehen soll."

„Was ist, wenn es uns in St. Louis nicht gefällt?", wollte Rebecca wissen.

„Ich glaube, es wird euch dort sehr gefallen", sagte Miss Jane. „Aber ich komme mit euch und bleibe eine Weile dort, bis ihr euch eingewöhnt habt."

„Du kommst auch mit?", fragte Timothy glücklich.

„Ja, ein paar Wochen."

Rebecca und Timothy dachten eine Weile über alles nach. Dann sagte Rebecca: „Ich würde Tante Fanny gern kennen lernen. Mama hat immer gesagt, dass ich sie bestimmt mögen würde. Über Onkel Richard hat sie nicht viel gesagt, aber den können wir uns ja auch mal angucken." Sie zögerte. „Ich ... ich habe mir schon Sorgen gemacht, ob du uns mit zu den Indianern nehmen würdest. Bitte sei mir nicht böse, aber ich will da nicht hin. Ich glaube, ich hätte die ganze Zeit Angst." Sie zuckte zusammen.

Miss Jane kniete sich hin und nahm beide Kinder in die Arme. „Gut, dass du mir das sagst, Rebecca. Es tut mir Leid, dass du dir solche Sorgen gemacht hast. Ich gehe jetzt gleich zum Telegrafenamt und lasse eure Tante wissen, dass sie so bald wie möglich herkommen soll."

Die Kinder rannten los, um den anderen ihre Neuigkeiten zu erzählen. Timothy hielt an der Treppe noch einmal an: „Wenn es mir in St. Louis nicht gefällt, komme ich zurück und suche dich. Vor den Indianern hab ich nämlich überhaupt keine Angst!"

„Wenn es dir dort wirklich nicht gefällt, Timothy, dann hole ich dich persönlich wieder ab. Das verspreche ich dir."

„Wirklich?"

„Absolut!"

Miss Jane ging los und als sie am Telegrafenamt ankam, hatte sie ihre Tränen beinahe unter Kontrolle. Immer wieder sagte sie sich, dass es Freudentränen waren. Wenn sie es sich nur lange genug einredete, würde sie es vielleicht irgendwann selbst glauben.

19

Lass den Herrn die Quelle deiner Freude sein: Er wird dir jeden Wunsch erfüllen.
Psalm 37,4

Der Winter, der zuerst so einen milden Eindruck erweckt hatte, schlug plötzlich in St. Anthony mit grausamer Härte zu. Die Thermometer sanken auf 40 Grad unter Null und froren dann ganz ein. Der Verkehr auf den Straßen kam zum Erliegen. Selbst Weihnachten trieb die Menschen nicht hinter dem Ofen hervor. Im Haus Whitney wurde viel gebacken und gesungen.

Aaron nahm sich eine Predigt von Samuel Whitney zu Herzen und stand jeden Morgen als Erster auf, um den Ofen in der Küche anzuheizen. Die anderen Kinder rannten dann gleich nach dem Aufstehen herunter und zogen sich in der Küche an, während Aaron Wasser aufsetzte. Er lernte Kaffee zu kochen, und stellte jeden Morgen eine dampfende Tasse vor Gens Tür.

Als die Kälte andauerte, fuhr Samuel Whitney die Kinder morgens mit dem Pferdeschlitten zur Schule und nahm auch die Nachbarskinder mit. Auf diese Weise wurden sie mit den „Missionarskindern“ und „Indianerfreunden“ vertraut, die nach einer Weile einfach nur noch Nachbarskinder waren.

Als der Fluss zugefroren war und keine Dampfschiffe mehr fuhren, blieben auch die wöchentlichen Postlieferungen aus. Die Lacledes schickten ein Telegramm: „Freuen uns über die Nachrichten. Alles Liebe an die Kinder. Kommen mit dem ersten Dampfschiff im Frühjahr. Fanny & Richard Laclede.”

Miss Jane telegrafierte zurück: „Zug fährt von St. Paul nach St. Anthony. Weniger als eine Stunde Fahrt. Kinder freuen sich. Rebecca voller Erinnerungen. Miss Jane Williams.”

Es folgten weitere Telegramme hin und her und am Valentinstag schickten Rebecca und Timothy ihr erstes eigenes Telegramm: „Was ist deine Lieblingsfarbe? Was raucht Onkel Richard?“

Die Antwort lautete: „Lieblingsfarbe Rot. Nichtraucher."

Rebecca und Timothy bastelten Geschenke für ihre zukünftigen Eltern und Miss Jane begann für ihre Rückkehr in die Missionsarbeit Pläne zu schmieden. Aaron und Meg erhielten eine Auszeichnung für besondere schulische Leistungen. Hope rannte durchs ganze Haus und lernte einen Purzelbaum zu schlagen. Samuel und Nina Whitney suchten Lehrer für ihr Internat und hatten vor, im kommenden Herbst zu eröffnen.

Und Gen machte sich Sorgen. Dass Elliot Leighton für Simon eher eine Behinderung als eine Hilfe darstellte; dass Simon es übertrieb; dass ihnen die Vorräte ausgingen oder sie krank und hilflos vom Schnee eingeschlossen wurden.

Als die Temperaturen weiter frostig blieben und der Schnee tiefer wurde, waren sie alle ans Haus gefesselt. Gen wurde immer unruhiger. Alle hatten ihre Pläne fürs Frühjahr, nur sie wusste nicht so recht, was die Zukunft bringen würde.

Jeden Tag betete sie, dass Gott ihren Willen formen möge. Sie betete darum, eine gute Mutter zu sein. Und sie betete, dass sie Simon Dane lieben lernen würde. Mit ihrem ganzen Willen richtete sie sich danach aus. Doch nachts, wenn sie träumte, war es nicht Simon, der im Mondlicht auf sie zukam ...

*

Weniger als eine Woche, nachdem er Simon zu Gute Mutter gebracht hatte, erwachte Elliot von einem Poltern an der Tür. Er sprang aus dem Bett und verfluchte seine fehlende Hand, als er zur Tür eilte und gleichzeitig versuchte, seine Hose anzuziehen.

Er riss die Tür auf und der in Decken gehüllte Simon fiel ihm halb entgegen. Er war noch dünner als zuvor und hustete ein wenig, aber in seinen Augen leuchtete Entschlusskraft, als er sagte: „Ich muss mit dir reden!"

Es klopfte noch einmal und Simon ließ einen alten Dakota herein, den Elliot unter dem Namen Eisernes Herz kannte; einer der wenigen Dakota, die fließend Englisch sprachen. Elliot nahm seine Prothese und mühte sich mit den Riemen ab, während Simon Feuerholz nachlegte und sich dann auf sein Bett setzte.

Eisernes Herz berührte die Prothese und meinte sachlich: „Nicht schlecht." Er sah Elliot mit ehrlicher Neugier an und fragte: „Machen die Weißen auch Beine?"

Elliot nickte.

„Ich habe gehört, dass viele weiße Männer Arme und Beine verloren haben in dem Krieg, der in Richtung der aufgehenden Sonne geführt wird."

„Ja, viele schlimme Wunden wurden den Menschen im Krieg zugefügt", nickte Elliot.

Eisernes Herz war noch nicht zufrieden. „Ist es wahr, dass die Weißen in den Krieg ziehen, indem sie Schulter an Schulter auf den Feind zugehen?"

„So wird es gemacht", bestätigte Elliot und begann den mühsamen Prozess, die Knöpfe seines Hemdes mit einer Hand zu schließen. „Aber irgendetwas sagt mir, dass ihr nicht hergekommen seid, um Kampfstrategien zu besprechen." Er sah Simon an. „Schön, dass es dir besser geht."

Simons Stimme war rau, aber sonst sah er wirklich viel besser aus. „Tja, die Kräuter von Gute Mutter sind nicht so schlecht, wie du dachtest, Schwager!", grinste er.

„Also gut, wieder einmal wurde eine Fehleinschätzung der Dakota meinerseits entlarvt", sagte Elliot und bedeutete Eisernes Herz, sich ebenfalls zu setzen. „Was ist denn nun?"

„Eisernes Herz und seine Gruppe wollen das Reservat verlassen", sagte Simon.

Elliot starrte ihn verblüfft an. „Verlassen? Wann? Wohin? Warum?" Er schüttelte den Kopf. „Nein, lass nur, ich verstehe schon. Aber wo könnt ihr hingehen, wo es besser wäre?"

„Wir gehen nach Hause", sagte Eisernes Herz entschlossen. „Der Weiße Mann will uns nicht leben lassen. Überall, wo er uns hinbringt, will er uns nur sterben sehen. Wir haben kein Problem mit dem Weißen Mann. Wenn er uns an einen Ort gebracht hätte, wo wir leben könnten, würden wir die Erde umgraben und tun, was er sagt. Doch hier gibt es nichts. Mutter Erde ist unfruchtbar. Einige von unseren Leuten sind in der Nähe von Redwood geblieben. Sie leben dort auf einer Farm des weißen Mannes und arbeiten für ihn. Wir möchten zu ihnen gehen und wenn wir sterben, werden unsere Brüder uns bei unseren Vätern bestatten."

Eisernes Herz sprach noch lange weiter, erzählte von seiner Kindheit und den Veränderungen, die über die Dakota gekommen waren. Er sprach vom Kommen der Missionare, vom Reservat, von gebrochenen Versprechungen und ausbleibenden Zahlungen. Er beklagte sich nicht, sondern erzählte einfach nur seine Geschichte, damit Elliot verstehen konnte, was in seinem Herzen vorging.

Ein kalter Wind drang durch die Ritzen der Hütte und Elliot dachte, dass der Wind gedreht hatte. Als ob er Elliots Gedanken gelesen hätte, sagte Eisernes Herz: „Das Wetter ändert sich. Wir müssen gehen, bevor der Schnee kommt."

Simon erklärte: „Die Tipis sollen hier bleiben, dann merkt zunächst niemand, dass sie weg sind. Wenn dann der Schneefall einsetzt, wie wir es erwarten, wird Finley keine Männer in Gefahr bringen wollen, um uns nachzusetzen. So sehr beschäftigen ihn die Indianer dann doch nicht."

„Uns nachsetzen?" Elliot sah von Simon zu Eisernes Herz und wieder zurück zu Simon.

„Ja. Ich dachte mir, wenn wir mit ihnen gehen, werden sie nicht so schnell von einem übereifrigen Siedler erschossen. Ich musste fast die ganze Nacht reden, um Eisernes Herz davon zu überzeugen. Ihm gefällt die Idee nach wie vor nicht, weil er fürchtet, dass die Armee bereits einen Vorwand parat hat, sie alle zu töten, falls uns etwas zustößt." Er wartete, bis Elliot die Informationen verarbeitet hatte.

„Um wie viele Dakota geht es?", fragte Elliot.

„Weniger als ein Dutzend", sagte Simon. „Sie haben ein paar Ponys. Du wärst erstaunt, was sie alles auf ein Travois packen können."

„Wie weit ist es nach Redwood?"

Eisernes Herz sagte etwas auf Dakota, das Simon zum Lachen brachte. „Er sagte, zehn Tage oder weniger für Dakota. Zwei Wochen für Weiße.“

Elliot holte sich eine Zigarre und zündete sie im Ofen an. Er wollte einen tiefen Zug nehmen, doch dann fing er den Blick von Eisernes Herz auf und reichte dem alten Krieger zuerst die Zigarre. Dieser atmete langsam ein und aus und schien das Aroma des guten Tabaks zu genießen. Er reichte die Zigarre zeremoniell zurück an Elliot.

„Behalte sie nur“, sagte Elliot.

„Nein“, sagte Simon schnell. „Teile sie mit ihm. Er ehrt dich auf diese Weise.“

Mit einem Stirnrunzeln nahm Elliot die Zigarre, zog daran und gab sie Eisernes Herz zurück, der sie an Simon weiterreichte. Zu Elliots Erstaunen rauchte dieser, ohne einen Hustenanfall zu bekommen. Sie saßen schweigend da, bis die Zigarre nur noch ein glühender Stummel war.

Dann erhob sich Eisernes Herz. „Ich klopfe an“, sagte er und sah Simon an. „Du wirst niemanden sehen, aber du wirst wissen, was zu tun ist.“

Simon nickte. Als Eisernes Herz fort war, unterhielten sich die beiden Männer lange.

„Eine Frage“, sagte Elliot. „Was passiert, wenn wir in Redwood angekommen sind?“

„Dann reiten wir zurück.“

„Nach St. Anthony?“

Simon nickte. „Wenn das Wetter es zulässt. Dann verfassen wir eine Petition, vervielfältigen diese und lassen sie von so vielen Menschen wie möglich nach Washington schicken, damit Finley endlich hier wegbeordert wird, dieser herzlose Bastard. Dass Sibley seine Truppen abziehen soll, ist blanker Wahnsinn!“ Er schlug sich mit der Faust in die Handfläche. „Irgendwie müssen wir sie dazu bringen, uns zuzuhören. Irgendwie!“

Elliot legte ihm eine Hand auf die Schulter. „Sie werden uns zuhören!“

Simon sah ihn an. „Willst du damit sagen, dass du derjenige sein wirst, der mit ihnen redet?"

„Vielleicht", murmelte Elliot und blickte auf seinen Arm. „Das ist zumindest eine Sache, bei der dieses Ding nicht stört. Wenn ich meine alte Uniform anziehe, könnte ich einige bisher verschlossene Türen in Washington aufstoßen, was meinst du?"

Simon schlug ihm auf die Schulter. „Gott sei Dank, Elliot! Gott sei Dank!"

„Freu dich nicht zu früh", warnte Elliot ihn. „Ich habe bisher ja noch nichts getan. Außerdem müssen wir es erst einmal schaffen, in den nächsten zwei Wochen nicht zu verhungern, zu erfrieren oder erschossen zu werden." Er schüttelte den Kopf. „Ich kann nicht glauben, dass ich das hier tue. Es ist völlig verrückt!"

20

Denn der Herr, euer Gott,
ist Herr über alle Götter und Gewalten ...
Er verhilft den Waisen und Witwen zu ihrem Recht,
er liebt auch die Fremden,
die bei euch leben,
und versorgt sie mit Nahrung und Kleidung.
Darum sollt auch ihr die Fremden lieben.
5. Mose 10,17-19

Als er den Cremello-Hengst freigelassen hatte, war auch etwas in Daniel aufgebrochen. Noch immer fühlte er dieselben Sehnsüchte tief in sich, aber als er wieder einmal durch das Skizzenbuch blätterte, merkte er, dass sich seine Bitterkeit in leises Bedauern gewandelt hatte. Langsam veränderte sich auch seine Ruhelosigkeit und wurde zu dem Wunsch, so vielen ziellos Umherwandernden zu helfen wie nur möglich.

Mehr als hundert Scouts waren in Minnesota stationiert, um der Armee im Kampf gegen die feindlich gesonnenen Indianer zu helfen. Während Daniel, Robert und Big Amos in Fort Ridgely blieben, schlugen die anderen entlang der Grenze ein Dutzend Camps auf. Im Frühjahr 1864 hatten sie einige Krieger getötet und über hundert harmlose Dakota zusammengesammelt, die zunächst nach Fort Snelling gebracht wurden, bevor sie dann nach Crow Creek verlegt werden sollten.

So kam es, dass Daniel, Robert und Big Amos an einem frostigen Morgen im Jahre 1864 gerade dabei waren, ihr Camp am Ufer des Hanaska-Sees abzubrechen, als eine Bewegung am schneeverhangenen Horizont Daniels Aufmerksamkeit erregte.

Big Amos, der die besten Augen hatte, sagte leise: „Sechs Ponys und Travois."

Alle drei entspannten sich. Krieger pflegten nicht mit viel Gepäck unterwegs zu sein.

Daniel und Big Amos blieben im Lager, während Robert lautlos die Verfolgung der Gruppe aufnahm. In der Zwischenzeit trieben Daniel und Amos die Pferde hinter eine dichte immergrüne Hecke.

Roberts Stimme war rau vor Gefühlen, als er zurückkam. „Sie sind aus Crow Creek geflohen. Ich habe keine Ahnung, wie sie es so weit geschafft haben. Anscheinend haben sie von Wurzeln gelebt, die sie aus dem gefrorenen Boden gegraben haben." Er musste die Tränen zurückdrängen. „Das sind die bedauernswertesten Menschen, die wir bisher gefunden haben."

„Wie viele?", wollte Daniel wissen.

„Ein halbes Dutzend", sagte Robert. „Zwei Männer - Eisernes Herz und Großer Sänger. Vier sind auf dem Weg gestorben."

Daniel schwang sich in den Sattel. „Kommt, holen wir sie ins Lager." Er holte ein Leinensäckchen aus seiner Satteltasche. „Wenn wir dieses gepökelte Schweinefleisch in Wasser aufkochen und dazutun, was ihr noch habt, bekommen wir vielleicht eine Suppe zu Stande. Auf jeden Fall ist es mehr, als sie gewohnt sind." Er sah Robert an. „Was meinst du, sollten wir über Nacht mit ihnen hier bleiben?"

„Gute Idee", sagte Robert schnell. „Sie könnten etwas Ruhe gebrauchen. Wenn es schneit, sind wir hier relativ geschützt. Aber es wird nicht einfach. Eisernes Herz ist eine echte Führungspersönlichkeit. Er will unbedingt den Stamm in Faribault erreichen, koste es, was es wolle." Er schüttelte den Kopf. „Das ist mindestens noch fünf Tagesmärsche von hier entfernt. Das schaffen sie niemals."

„Wir überlegen uns etwas."

Robert hob die Augenbrauen. „Eisernes Herz ist fest entschlossen, sich keinen Weißen mehr zu unterstellen. Und seinen Namen hat er nicht umsonst bekommen."

Daniel senkte den Kopf und nahm die Zügel auf. „Ich hole sie her", sagte er nur und ritt los.

*

Als Daniel vom Pferd stieg und auf Eisernes Herz zuging, hörte er plötzlich jemanden seinen Namen rufen. Eine alte Frau, die beinahe unter Decken vergraben gewesen war, kam weinend auf ihn zugeeilt, umfing sein Gesicht mit beiden Händen und küsste ihn.

Hunger und Not hatten sie so sehr verändert, dass er Gute Mutter niemals wieder erkannt hätte. Daniel umfasste ihre knochigen Schultern und lächelte sie an wie ein Sohn, der seine Mutter wiedergefunden hat. Zorn flackerte in ihm auf, als er die Spuren von Crow Creek in ihrem Gesicht erkannte, doch dann umarmte er sie schnell und hob sie in seinen Sattel. Er wandte sich an den Rest der Gruppe und sagte: „Wir haben eine gute Suppe für euch gekocht. Kommt mit mir. Außerdem haben wir einen guten Platz, um uns vor dem Sturm zu schützen.“ Er drückte Gute Mutters Hand. „Bald könnt ihr an einem warmen Feuer sitzen. Und dann will ich alles von dir wissen, Gute Mutter!“

Bald drängten sich sechs Jammergestalten in ihr Zelt, während Big Amos die Suppe umrührte. Eisernes Herz erzählte den Scouts, warum sie Crow Creek verlassen hatten und wo sie nun hinwollten.

„Wir können nicht an diesen Ort zurückgehen“, sagte er leise, aber entschlossen. „Diese Leute hier haben den Weißen geholfen. Deswegen hassen die kriegerischen Dakota sie, und Kleine Krähe würde sie am liebsten umbringen.“

„Kleine Krähe ist tot“, sagte Robert.

Eisernes Herz hob überrascht die Augenbrauen. „Ich dachte, das sei nur ein Gerücht.“

„Es ist wahr“, sagte Robert.

Eisernes Herz zuckte die Achseln. „Nun gut, dann gibt es einen weniger, der uns tot sehen will. Doch in Crow Creek können wir trotzdem nicht leben.“ Die anderen nickten.

„Wir bringen euch nach Fort Ridgely“, sagte Robert. „Dort gibt es zumindest genug Nahrungsmittel. Und ihr müsst nicht mehr frieren. Dort wird man euch gut behandeln. Im Frühling bringen sie euch nach Fort Snelling, zusammen mit den anderen ..." Er zögerte. „... mit den anderen Gefangenen."

Eisernes Herz schüttelte den Kopf. „Sie haben gesagt, im Reservat wären wir frei. Aber wir waren nicht frei." Er hielt seinen knorrigen Arm hoch. „Wir waren die Gefangenen des Hungers und der Krankheit. Es gab keinen Doktor. Wir mussten zusehen, wie unsere Kinder starben, und wir konnten nichts dagegen tun." Er sah Robert an und sagte fest: „Wir werden keine Gefangenen mehr sein. Wir werden als freie Menschen in dem Land sterben, das Gott uns gegeben hat."

Big Amos nahm den Topf mit der dünnen Suppe vom Feuer und füllte jedem der halb verhungerten Wanderer einen Becher. Plötzlich schoss Daniel ein fast unmöglicher Gedanke durch den Kopf. Er hatte kaum Form angenommen, als Gute Mutter ihn unvermutet in seinen Gedanken unterbrach. „Unsere weißen Freunde sind nach Fort Ridgely gegangen. Sie werden sehr froh sein, dich zu sehen, Daniel Leuchtender Stern. Wir dachten alle, du seist tot."

Auf Daniels fragenden Blick hin zeigte Gute Mutter ein zahnloses Lächeln. „Viele Worte hat jetzt einen neuen Namen. Er heißt nun Heilende Worte. Er war bei uns in Crow Creek mit dem, den wir Silberfuchs nennen – der Bruder von Ellen Dane. Er hat schneeweißes Haar und nur eine Hand." Dann seufzte sie und schüttelte den Kopf. „Heilende Worte ist sehr krank."

Eisernes Herz unterbrach sie: „Wir haben sie nach Fort Ridgely geschickt und sie haben versprochen, den Soldaten nichts von uns zu sagen."

Daniel sah gehetzt zur Zeltöffnung, dann murmelte er eine Entschuldigung und eilte hinaus. Dort musste er erst einmal tief durchatmen, bevor er unruhig auf und ab zu gehen begann.

Robert kam hinaus und nickte in Richtung Horizont. Ein böser Sturm braute sich zusammen und Daniels Herz sank. „Meinst du, wir schaffen es zurück zum Fort, bevor der Sturm kommt?"

„Keine Chance", sagte Robert. „Ich werde mal nach den Pferden sehen und sie gut anbinden." Damit ging er davon. Daniel folgte ihm, froh, dass sie das Tipi direkt an einer Felswand aufgebaut hatten. Sie würden den Sturm überstehen, das einzige Problem war die Nahrung. Aber notfalls konnten sie eins der Pferde töten und essen.

Als sie zurückkamen, war Gute Mutter eingeschlafen. Daniel würde warten müssen, um mehr über Simon Dane zu erfahren – und über Himmelsauge. *Vielleicht ist das ganz gut so*, dachte er. *Das gab ihm etwas Zeit, um nachzudenken und zu planen. Zeit, um Amos und Robert davon zu überzeugen, dass diese Gruppe vielleicht eine andere Art von Hilfe brauchte als die anderen.*

Daniel betete. Für Simon Dane, für Himmelsauge, für sich selbst, für ihre Findlinge. Und für Jeb Grant, der noch keine Ahnung hatte, um was er ihn bitten würde.

*

„Du willst was?" Jeb Grant schrie ihn nicht an, aber Daniel sah seinen ungläubigen Blick, als er sich seinen Stoppelbart kratzte. Er sah an Daniel vorbei zu dem traurigen Haufen Indianer, der dort mit Amos und Robert stand.

„Es sind nur sechs", krächzte Daniel. „Eisernes Herz, der alte Mann auf dem Appaloosa, ist ihr Anführer. Du wirst ihn mögen. Sie brauchen nur ein kleines Stück Land. Sie können dir auf der Farm helfen. Niemand hier wird etwas dagegen haben, wenn du ein paar Dakota anstellst, die dir etwas Arbeit abnehmen."

Jeb schnaubte: „Aber Indianer haben doch keine Ahnung von Landwirtschaft! Ich habe gehört, dass ein Krieger lieber sterben würde, als einen Acker umzupflügen."

Daniel nickte. „Ja, aber einige sehen das anders. Eisernes Herz zum Beispiel. Er ist sehr arbeitswillig."

Jeb schaute den grauhaarigen Dakota zweifelnd an. „Kommt mir unwahrscheinlich vor."

„Wir könnten ihnen eine Hütte bauen", argumentierte Daniel. „Sie werden nicht den geringsten Ärger machen. Es gibt schon so eine ähnliche Vereinbarung mit einem Farmer in Faribault ..."

„Ja, das hab ich gehört", sagte Jeb. „Aber die Dakota bei ihm sind verwandt mit seiner Frau, einem Halbblut. Das ist was anderes." Er runzelte die Stirn und sah zu Daniel hoch. „Was meinst du damit, dass *wir* ihnen eine Hütte bauen könnten? Wer ist *wir*?"

„Robert, Amos und ich."

Jeb lachte. „Was wisst ihr denn davon, wie man ein Haus baut?"

Daniel sah ihn an. „Wir haben immerhin das gebaut, in dem du lebst."

„Ihr habt was?"

„Wir haben das Haus da gebaut. Robert und ich." Daniel nickte zu Jebs Haus. „Vor dem Aufstand war dies die Farm von Robert und Nancy Lawrence." Er deutete zum Hügel, auf dem noch immer die verkohlten Überreste seines eigenen Hauses standen. „Und das da drüben war meine."

Jeb zog scharf die Luft ein. „Dann hab ich also euer Land übernommen?"

Daniel nickte.

Jeb lief rot an. „Sieh mal, Leuchtender Stern ... ich wusste nicht ... also, mir hat niemand gesagt ..."

„Es spielt keine Rolle", unterbrach ihn Daniel. „Dies hier wird uns sowieso nie mehr gehören, das ist uns klar. Ich hätte es dir auch gar nicht erzählt, wenn nicht ..."

„ ... wenn ich dann nicht ein schlechtes Gewissen hätte und euch was schuldig wäre."

„Jeb!", rief eine angespannte weibliche Stimme aus dem Haus.

„Marjorie geht's schlecht", sagte Jeb schnell. „Ich kann ihr so was nicht zumuten." Er wandte sich zum Gehen, hielt dann aber inne. „Du bist ein guter Mann, Leuchtender Stern. Deine Freunde können hier gern übernachten, aber ich kann nicht ..." Wieder rief Marjorie nach ihm und Daniel hörte die Angst in ihrer Stimme. Stirnrunzelnd folgte er Jeb zur Tür, obwohl er wusste, dass er das nicht tun sollte.

„Ich komme, Liebes", sagte Jeb und ging zu dem Bett in der Ecke.

Daniel begriff, dass Marjorie ein Kind bekam und dass es nicht gut um sie stand. Er eilte zu den wartenden Dakota. „Wir können erst mal hier bleiben", sagte er. „Macht es euch in der Scheune bequem." Dann wandte er sich an Gute Mutter. „Wir brauchen dich. Seine Frau ... sie ..." Er sah peinlich berührt zu Boden.

Gute Mutter war bereits unterwegs. „Besorg mir frisches Wasser. Koch es ab." Dann stürmte sie in die Hütte und befahl Jeb, den Ofen anzuheizen. „Schnell!"

Fast hatte Daniel erwartet, dass Jeb die alte Indianerin wegschicken würde. Doch auf seinem Gesicht machte sich Erleichterung breit und er führte schnell ihre Befehle aus.

*

Wie Jeb Grant ganz richtig geahnt hatte, schenkte seine Frau Marjorie nicht nur einem gesunden Kind das Leben – sie gebar Zwillinge. Und sie starb auch nicht. Stattdessen schlief sie beinahe zwei Tage durch und wachte nur auf, um die beiden kleinen, aber bemerkenswert lebendigen Babys zu stillen. Zwischendurch hüteten und wärmten Gute Mutter und eine andere Frau namens Die Aufrecht Steht die Kleinen und sorgten für sie.

Big Amos brachte den anderen, die sich in einer Pferdebox eingerichtet hatten, die freudige Nachricht. „Mr. und Mrs. Grant sind überglücklich und hoffen, dass ihr alle hier bleiben werdet."

21

In der Gemeinde soll einer den anderen als Bruder herzlich lieben und ihn höher stellen als sich selbst.
Römer 12,10

„Ich habe dir ja gesagt, dass es Wahnsinn ist, das Reservat mitten im Winter zu verlassen", schnaubte Elliot. „Und das hier ist noch lächerlicher!" Er umfasste Simons knochige Schultern. „Sieh dich doch nur mal an, Mann! Du bist halb tot. St. Anthony ist zwei harte Tagesritte von Fort Ridgely entfernt. Dein Zustand lässt das einfach nicht zu!"

Simon entzog sich Elliots Griff. „Erzähl mir nichts von meinem Zustand", presste er hervor. „Ich habe es so weit geschafft und nichts und niemand wird mich jetzt noch von zu Hause fern halten!" Er beugte sich vor und versuchte wieder zu Atem zu kommen. Als Elliot ihm helfen wollte, winkte er ab und sagte: „Bitte, Elliot. Ich will nach Hause. Ich will meine Kinder sehen. Und Gen."

Leighton kniete sich vor ihn. „Der Arzt hat gesagt, du darfst es nicht versuchen, sonst bekommst du eine Lungenentzündung."

„Aber es ist keine schwierige Strecke. Und es gibt einen Arzt in St. Peter. Wenn ich es nicht schaffe, kannst du mich da abwerfen." Er hustete wieder. „Aber ich verspreche, dass es nicht so weit kommt."

Elliot war nicht überzeugt. „Du bist nicht Gott, Simon. Falls du keine wundersamen Kräfte hast, kannst du so ein Versprechen gar nicht abgeben."

Simon kämpfte sich hoch. „Du wärst überrascht, was für Kräfte ich entwickeln kann, wenn es um meine Kinder und um Gen geht." Er ging zur Tür. „Ich reite nach Hause, Elliot – mit dir oder ohne dich. Komm schon! Du willst doch auch Miss Jane wieder sehen, oder?"

„Sehr witzig, Simon", sagte Elliot und sah sich seinen

Schwager genau an. Seine Wangenknochen standen hervor, doch tief in den fiebrigen Augen glühte ein entschlossener Funke, der sich nicht auslöschen ließ. Elliot war beinahe geneigt zu glauben, dass Simon sich durch reine Willenskraft zur Bewältigung des Unmöglichen bringen konnte. „Also gut, Simon. Aber ich möchte deinen Kindern nicht erklären müssen, warum ich dich unterwegs habe sterben lassen!"

Simon reckte sich. „Das wirst du nicht."

„Leere Versprechungen", grunzte Elliot und schüttelte den Kopf. „Gott helfe dir, Reverend Dane!" Er öffnete die Tür. „Ich besorge uns Verpflegung und mache dann die Pferde fertig."

„Wenn wir gleich aufbrechen, könnten wir am Abend schon in St. Peter sein", nickte Simon.

Elliot ging hinaus. Sobald er außer Hörweite war, ließ Simon den schrecklichen Hustenanfall zu, der ihn beinahe erstickt hatte.

*

„Ja, ich hab sie gesehen", sagte der Soldat zu Daniel und untersuchte seine dreckigen Fingernägel. „Einer von ihnen war ziemlich krank. Der Missionar. Der Weißhaarige ist gerade hier vorbeigeritten." Er nickte zum Lebensmittelladen hinüber. „Das da ist sein Pferd."

Daniel trieb sein Pferd auf die andere Straßenseite. Seine Hände zitterten, als er abstieg und die Zügel um den Anbindebalken wickelte. Was sollte er zu Ellen Danes Bruder sagen? Seine Gefühle schwankten wild zwischen Erwartung und Angst. Angst vor allem vor der Nachricht, dass Himmelsauge den Reverend geheiratet hatte.

Er hatte das immer wieder durchgespielt, seit er von Jeb Grants Farm losgeritten war. Niemand konnte von ihr erwarten, dass sie so lange um ihn trauerte. Schließlich war sie nicht diejenige, die heimatlos über die Prärie ritt und abends immer in einem Skizzenbuch blätterte. Sie lebte in ihrer eigenen Welt, der normalen. In dieser Welt gewöhnte man sich daran, ein

Haus und Kinder zu haben. Die schlimmen Tage des Aufstands würde sie sicher gern vergessen. Und nach und nach würde sie auch ihn vergessen haben.

Als er sich endlich in Bewegung setzte, musste er sich an dem Balken festhalten, um nicht zu straucheln. Gerade als er allen Mut zusammengenommen hatte und die Tür öffnen wollte, wurde sie von innen aufgerissen und ein großer, schlanker Mann mit wehender weißer Mähne kam mit verschiedenen Bündeln bepackt heraus. Ihm folgte Edward Pope mit weiteren Bündeln.

„Hey, Daniel“, nickte Pope Daniel zu. „Ich wusste gar nicht, dass du zurück bist. Wenn du willst, koche ich dir zur Begrüßung einen schönen Eintopf. Sind Robert und Big Amos wohlauf?“

Daniel nickte. „Sie sind noch oben bei der alten Station.“ Er fühlte sich schuldig, weil er Pope nichts weiter sagte, aber er durfte die anderen nicht gefährden.

Der große Fremde hatte sich umgedreht und sah ihn neugierig an. Dann streckte er die Hand aus. „Hallo, ich bin Elliot Leighton. Sie müssen einer von den berühmten Dakota-Scouts sein. Ich habe viel von Ihrer Arbeit gehört.“

Daniel reichte ihm die Hand und wusste nicht, was er sagen sollte.

Edward Pope füllte die Stille, indem er Daniel auf die Schulter schlug. „Das hier ist Leuchtender Stern, der beste Scout des Landes“, sagte er mit fast väterlichem Stolz. „Ich könnte Ihnen Geschichten über ihn erzählen ...“

„Leuchtender Stern?“ Leightons Augen blitzten überrascht auf und er starrte Daniel ungläubig an. „Das ... das kann doch nicht sein! Ich dachte - ich meine, man hat mir gesagt ... es hieß, Sie seien tot!“, stammelte er.

„Tja, das stimmt dann wohl nicht“, sagte Pope. „Glauben Sie mir, Major Leighton, Daniel Leuchtender Stern ist quicklebendig!“

„Verzeihen Sie“, sagte Elliot völlig verwirrt und sah sich Daniel genau an. Dies war also der Held, von dem Meg so viel erzählt hatte. Der Indianer, von dem Aaron sagte, er sei der mutigste Mann, den er kenne. Er sah nicht besonders heldenhaft aus mit seiner schlecht sitzenden Uniform und dem zerzausten schwarzen Haar. Leighton fand, dass er wesentlich älter aussah als seine vielleicht Anfang Zwanzig.

„Verzeihen Sie, Mr. Leuchtender Stern“, setzte er neu an. „Ich habe nur so viel von Ihnen gehört ...“ Er wandte sich an Edward Pope. „Würden Sie uns wohl entschuldigen?“

Pope zuckte gutmütig die Achseln und ging zur Tür. „Vergiss das Abendessen nicht“, sagte er zu Daniel. „Ihr könnt ja beide kommen.“

Als Pope weg war, sagte Daniel: „Er ist der beste Koch in der Armee; wir sollten das nicht ausschlagen.“ Er fühlte sich jetzt etwas ruhiger, denn noch musste er Simon Dane nicht gegenüberstehen.

Daniel sah Elliot an und fand, dass es wenig Ähnlichkeit zwischen ihm und Ellen gab. Wahrscheinlich lenkten die weißen Haare und der Metallhaken an seinem Arm zu sehr ab. Daniel nestelte an den Zügeln seines Pferdes herum und sagte dann: „Gute Mutter hat uns gesagt, dass Sie und der Reverend hier sind. Wir sind da draußen auf sie gestoßen.“

„Werden Sie sie jetzt nach Fort Snelling bringen?“

„Nein“, sagte Daniel zögernd. Doch dann entschloss er sich, Leighton zu vertrauen. „Gute Mutter und die anderen werden von einem Farmer in der Nähe der alten Station aufgenommen. Er stellt sie als Farmhelfer ein und sie können auf seinem Gelände leben.“

„Wie haben Sie denn das zu Stande gebracht?“

Daniel zuckte die Achseln. „Das war nicht allzu schwer, da die Farm, auf der er lebt, vorher mir und meinem Freund Robert Lawrence gehört hat. Außerdem hat Gute Mutter seiner Frau bei der Geburt ihrer Zwillinge geholfen.“ Er musste grinsen.

„Na, dann ist er Ihnen allerdings etwas schuldig!“

Daniel nickte. „Er ist ein guter Mann.“

„Was ist mit Captain Willets? Wird er das gestatten?“

„Ich denke, wir können ihn davon überzeugen", sagte Daniel. „Es würde allerdings helfen, wenn Sie ihm vielleicht von den Zuständen in Crow Creek berichten könnten. Er ist ein vernünftiger Mann."

„Das habe ich bereits getan", sagte Elliot schnell. „Und ich werde dafür sorgen, dass auch eine Menge anderer Leute davon erfahren. Leute, die etwas ändern können."

Daniel dachte, dass er doch eine gewisse Ähnlichkeit mit Ellen Dane hatte. „Ihre Schwester war die erste weiße Frau, die ich nicht hasste", sagte er gedankenverloren. „Die Erste, die mich zu Christus geführt hat. Sie hat nicht gepredigt, sondern mein Leben gerettet."

„Ja", sagte Elliot weich. „Meg und Aaron haben mir die Geschichte erzählt." Er schüttelte den Kopf. „Sie haben mir auch von Ihrem vermeintlichen Tod berichtet. Meg muss immer noch weinen, wenn sie daran denkt."

„Geht es den Kindern gut?", fragte Daniel und wagte nicht, nach dem blonden Baby zu fragen, das sie gefunden hatten. Es war zu nah an Himmelsauge und er war noch nicht bereit.

„Es geht ihnen wunderbar", sagte Elliot enthusiastisch. „Kaum auszudenken, wie sie sich freuen werden zu hören, dass Sie am Leben sind!" Er zögerte. „Der Reverend ist auf der Krankenstation, obwohl er sich weigert, als Patient betrachtet zu werden." Er nickte zu seinen voll gepackten Satteltaschen. „Wir wollen heute noch nach Hause aufbrechen. Können Sie zur Krankenstation mitkommen?"

Daniel nickte nur. Mit jedem Schritt wurde sein Herzschlag schneller, bis er den Eindruck hatte, Leighton und dann auch Simon Dane müssten es pochen hören.

Er konnte Simons pfeifenden Atem hören, bevor er ihn sah, und sah Leighton besorgt an. Er schüttelte den Kopf. „Das geht schon seit Monaten so. Gute Mutter hat eine Weile helfen können, aber jetzt ist es wieder schlimmer. Und er will unbedingt in diesem Zustand nach Hause reiten."

„Nach Hause?"

„Nach St. Anthony."

Während Leighton die Tür öffnete, wurde Daniel mit einem Schlag klar, dass Himmelsauge vielleicht nur zwei Tagesritte von ihm entfernt war.

Leighton führte ihn zu einem kleinen Raum an der Hinterseite des Hospitals. „Der Doktor wollte ihn von den anderen Patienten isoliert halten." Er klopfte mit seiner Prothese an und als Simon nicht antwortete, öffnete er langsam die Tür. „Hier ist jemand, der dich sehen möchte, Simon!"

Der Mann, der da im Bett lag, erinnerte in keinster Weise an den Simon Dane, den Daniel kannte. Er lag an ein Kissen gelehnt da, der Mund stand etwas offen, die Wangen waren eingefallen. Als Elliot hereinkam, schrak er hoch und kämpfte sich mühsam in eine sitzende Position hoch.

„Brechen wir auf?", krächzte er und versuchte aufzustehen.

Leighton runzelte die Stirn. „Bleibe ruhig liegen, Simon. Ich habe dir einen Besucher mitgebracht."

Simon blinzelte ein paar Mal zu Daniel hin. Sein Gesichtsausdruck veränderte sich von starker Konzentration zu nackter Überraschung. Und dann huschte noch etwas anderes über seine Züge, etwas, das schon fast animalische Intensität hatte.

„Du?!", keuchte er. „Das kann doch nicht sein!"

Daniel kniete sich vor seinem Bett hin und spürte zu seiner Überraschung, wie er mit den Tränen kämpfte.

Simon legte ihm eine zittrige Hand auf die Schulter. „Man ... man hat uns gesagt, du seist tot! Dein Name ... dein Name stand in der Zeitung, auf der Liste derjenigen, die gehängt worden waren! Ich habe es selbst gesehen!" Er begann furchtbar zu husten und Leighton eilte hinaus, um den Arzt zu holen, während Daniel versuchte Simon zu beruhigen.

Als sich die Aufregung etwas gelegt hatte und Simon wieder ruhiger atmend auf seinem Bett lag, streckte er eine Hand nach Daniel aus. Als er endlich sprach, fragte er: „Wie ist das möglich? Wo hast du gesteckt? Ich habe dich überall gesucht, und nicht nur ich. Wir alle haben gehofft, dass der Zeitung ein Fehler unterlaufen ist, aber man hat uns nicht gestattet, die Leichen zu sehen."

„Ich war im Gefängnis in Mankato", sagte Daniel. „Zusammen mit Robert Lawrence."

„Aber ich bin nach Mankato gegangen! Ich war drei Wochen lang dort und habe dich nicht gesehen."

„Heiliger Tag hat uns im Februar als Scouts für General Sibley angeheuert."

Simon schüttelte den Kopf. „Ich war im März dort."

Daniel nickte und zwang sich, nicht die Frage zu stellen, die ihm auf den Lippen lag.

Simon atmete tief durch, setzte an, etwas zu sagen und überlegte es sich dann anders. Schließlich fragte er nur: „Und, wie ist das Leben als Scout?"

Daniel sah zu Boden. „Ich bin lange wie ein lebender Toter herumgelaufen. Es schien alles so sinnlos. Ich hatte so viel verloren und verstand nicht, warum Gott mir das antat."

Simon nickte nur.

Daniel sah ihn überrascht an, als keine schnelle Antwort kam - kein Bibelvers, keine pastoralen Plattitüden. Stattdessen sah er Daniel nur voller ehrlichem Mitgefühl an.

„Wahrscheinlich kann ich nicht einmal erahnen, was du durchgemacht hast, Daniel", sagte er dann. „Es ist auf jeden Fall ein Wunder, dass du noch an Gott glaubst!"

Daniel sah ihn an. „Was machen Meg und Aaron?"

„Es geht ihnen wunderbar", sagte Simon. „Und Hope auch - das Baby, das du gerettet hast. Sie kann jetzt schon laufen!"

„Haben Sie ihre Angehörigen nicht gefunden?"

„Sie haben uns gefunden", antwortete Simon. „Wir konnten sie überzeugen, dass Hope bei uns besser aufgehoben ist."

Die Stille im Raum war zentnerschwer. Schließlich sagte Simon: „Geneviève geht es auch gut, Leuchtender Stern. Sie lebt mit uns und Miss Jane Williams im Haus eines befreundeten Missionarsehepaars in St. Anthony."

Daniel stand auf. „Der Arzt hat gesagt, Sie brauchen Ruhe."

„Unsinn", sagte Simon und wollte aufstehen. „Wir reiten heute los. Nach Hause." Doch ein neuerliches Hustenanfall zwang ihn wieder aufs Bett.

Elliot wollte wieder den Arzt holen, aber Simon hielt ihn zurück. „Es ... es gibt nichts mehr, was er noch tun könnte", röchelte er. „Lass es einfach."

„Es wird noch mehr Schnee fallen", sagte Daniel. „Sie sollten hier bleiben und den Sturm abwarten." Er ging zur Tür und nickte Elliot Leighton zu. „Ich werde Ihnen beiden etwas von Edward Popes berühmtem Eintopf bringen."

Er war schon aus der Tür, als er Simon schwach seinen Namen sagen hörte.

„Leuchtender Stern! Es geht ihr wirklich gut. Sie ist gesund und zufrieden. Und die Kinder lieben sie." Er holte mühsam Atem. „Wir wollen im Frühjahr heiraten."

Daniel hatte das Gefühl, als hätte ihm jemand ins Gesicht geschlagen. Doch er verbarg seine Gefühle und nickte nur. Dann sah er Simon in die Augen und etwas passierte zwischen den beiden Männern – etwas, das sogar Elliot Leighton bemerkte.

„Sagen Sie ihr, dass ich ihr alles Glück der Welt wünsche", sagte Daniel und eilte hinaus.

22

Verfolgt nicht eure eigenen Interessen, sondern seht auch auf das, was den anderen nützt.
Philipper 2,4

Daniel beschloss, nicht wieder in das leblose Dahinvegetieren zu verfallen, die einsame Hölle, in der er das letzte Jahr verbracht hatte. Er stürzte sich in Gottes Wort. Irgendwie würde er mit der Tatsache leben lernen, dass Himmelsauge Simon Dane heiraten würde. Und er würde sein eigenes Leben leben.

Aber noch ist es anders. Noch ist sie nicht verheiratet ... wenn sie wüsste ...

Nein, sie wird es nie erfahren. Ich werde Simon und Elliot schwören lassen, dass sie ihr nichts sagen. Sie verdient ein gutes Leben und die Kinder brauchen eine Mutter.

Wie Leighton sagte, erinnerten sich die Kinder an ihn als einen Helden. Das gab ihm einen gewissen Trost und er würde das Richtige tun. Mit Gottes Hilfe würde er selbstlos handeln und das tun, was für Gen und die Kinder das Beste war.

Die Liebe sucht nicht das ihre ... und Jesus hat auch sein Leben für uns geopfert. Es ist das Richtige.

Ihm fiel kein Grund ein – außer seinen eigenen egoistischen Wünschen –, warum er sich wieder in Genevièves Leben drängen sollte. Wenn sie eingewilligt hatte, Simon zu heiraten, dann musste sie über das hinweg sein, was sie mit Daniel verbunden hatte.

Simon konnte man sicher keinen Vorwurf daraus machen, dass er Gen liebte und sich eine Zukunft mit ihr wünschte. Alles in Daniel schrie danach, zu Gen zu gehen, sie für sich zu erobern. Aber er würde nicht schwach werden. Christen sollten sich verhalten wie Christus und nicht ihres Nächsten Weib begehren. Simon konnte ihr ein Haus bieten, gutes Essen, Freunde, eine Zukunft. Er würde sie Simon überlassen, der sie liebte und schätzte. Und das musste auch Daniel genügen.

Zwei Wochen lang studierte Daniel stundenlang die Bibel, betete und pflegte Simon hingebungsvoll. Er tat es für Himmelsauge und deshalb, weil es richtig war. Er schoss Wild für Edward Popes Suppen und fütterte Simon damit. Als der Husten nicht besser wurde, ritt er zu Jeb Grants Farm und holte Gute Mutter. Captain Willets gegenüber gab er eine reichlich fadenscheinige Erklärung für ihre Anwesenheit ab, doch dieser wollte es gar nicht so genau wissen.

Gute Mutters übel riechende Säfte und Tinkturen stabilisierten wieder einmal Simons Gesundheit. Er nahm etwas zu und der Husten hörte auf. Eine Woche nach Gute Mutters Ankunft drängte er Elliot schon wieder zum Aufbruch und am Ende der zweiten Woche fühlte er sich kräftig genug, um im Camp der Scouts einen Gottesdienst abzuhalten.

„Ihr solltet eine Gemeinde gründen", meinte er zu Robert Lawrence. „Die Gruppe bei Jeb Grant würde auch kommen. Damit hättet ihr schon ein gutes Dutzend Mitglieder." Er sah Daniel an. „Und einen Diakon habt ihr auch schon."

Ende März gab es schließlich Tauwetter und die Luft begann nach Frühling zu duften. Die Pferde verloren ihr Winterfell und die ersten Fohlen kamen zur Welt.

Simon und Elliot bereiteten jetzt ernsthaft ihre Abreise vor. Am Morgen ihres geplanten Aufbruchs kamen Daniel und die anderen Scouts, um sich zu verabschieden. Simon betete mit ihnen und stieg dann in den Sattel.

Bevor auch er aufs Pferd stieg, ergriff Elliot Daniels Hand. Seine blaugrauen Augen waren voller Gefühl, als er sagte: „Als Simon und ich nach Westen aufbrachen, hatte ich nichts als Verachtung für die Indianer übrig. Ich wollte nicht, dass die Kinder meiner Schwester in ihrer Nähe sind, und ich benutzte den Ausdruck *Sioux* wie ein Schimpfwort." Er drückte Daniels Hand noch fester. „Ich schäme mich heute dafür. Ich habe viele Ehrenmänner unter den Dakota kennen gelernt und du warst der Beeindruckendste von allen." Er zerquetschte beinahe Daniels Hand, bevor er ihn losließ. Dann verabschiedete er sich noch von Robert und Big Amos und stieg auf.

Simon beugte sich hinunter und legte eine Hand auf Daniels Schulter. Daniel holte das Skizzenbuch von Etienne LaCroix hervor. „Ich weiß nicht, wie Sie ihr erklären wollen, woher Sie das haben, ohne meinen Namen zu erwähnen", sagte er und musste schwer schlucken. „Aber ich denke, das sollten Sie haben." Als Simon das Buch aufschlug und die Zeichnungen von Gen sah, füllten sich seine Augen mit Tränen.

Daniel sagte: „Sie wird einen guten Ehemann haben und ein glückliches Leben." Er umklammerte Simons Sattelhorn. „Umarmen Sie die Kinder von mir – und vergessen Sie, dass Sie mich je gesehen haben!"

Und damit ging er davon.

*

Gen hasste Gaslicht. Sie traute der Sache nicht und zuckte jedes Mal zusammen, wenn sie das Zischen des Gases hörte. So saß sie eines Abends wieder einmal allein beim Schein einer Kerosinlampe am Küchentisch und schrieb einen Brief an Miss Jane.

Wir haben seit Wochen nichts von den beiden gehört und so langsam mache ich mir ernsthafte Sorgen, schrieb sie und hielt dann inne.

Simon hielt Elliot davon ab, an die Küchentür zu klopfen, und starrte durchs Fenster auf Gen. „Ist sie nicht wunderschön?"

„Ja, Simon, das ist sie. Aber jetzt lass uns reingehen, bevor du tot umfällst!"

Jetzt hatte Gen sie entdeckt und stürzte zur Tür. „Gott sei Dank!", rief sie und riss die Tür auf.

Simon wäre in das Haus hineingefallen, wenn Elliot ihn nicht gestützt hätte. Gen legte ihm eine Hand auf die Stirn. „Du glühst ja!" Sie funkelte Elliot an. „Wie konnten Sie ihn bei diesem Wetter aufs Pferd lassen!"

„Schimpf nicht mit Elliot, er kann nichts dafür", keuchte Simon und ließ sich in einen Stuhl fallen. „Er hätte mich schon fesseln und knebeln müssen.“ Er küsste Gens Hand. „Ah, das ist die Medizin, die ich brauchte!“

Gen entzog ihm ihre Hand und richtete sich wieder an Elliot. „Dr. Abernathy wohnt zwei Häuser rechts vom Hotel. Bitte holen Sie ihn.“ Dann legte sie ihre Hand auf Simons Schulter. „Die Whitneys sind mit Miss Jane nach St. Louis gefahren. Schaffst du es bis in ihr Zimmer?“

„St. Louis?“, fragte Elliot. „Jane ist in St. Louis?“

„Rebecca und Timothy ...“ Sie schüttelte den Kopf. „Ich erkläre das später. Bitte, Mr. Leighton - holen Sie Dr. Abernathy.“ Damit eilte sie hinaus.

Elliot wandte sich an Simon. „Brauchst du Hilfe?“

Simon schüttelte den Kopf und Elliot machte sich auf den Weg.

Nachdem Gen eine ganze Weile im Zimmer der Whitneys gewartet hatte, ging sie zurück in die Küche und fand Simon halb bewusstlos und zitternd am Tisch vor.

„Lieber Gott“, flüsterte sie und fragte sich, wie sie ihn bloß ins Bett kriegen sollte.

„Simon“, sagte sie. „Simon, kannst du gehen?“

Er hob den Kopf und sah sie verwirrt an. Sie versuchte es erneut. „Simon, ich bin es - Gen! Du bist zu Hause. Bitte, Lieber, komm jetzt ins Bett.“

Irgendwie schaffte er es auf die Beine zu kommen und ins Zimmer zu wanken. Er brach auf dem Bett zusammen und merkte nicht mehr, wie Gen ihm den Mantel und die Schuhe auszog. Als Elliot mit dem Arzt kam, hatte er unkontrollierbaren Schüttelfrost.

„Ich mache Tee“, sagte Gen und wollte in die Küche gehen.

„Vergessen Sie den Tee“, sagte Dr. Abernathy. „Der Mann braucht einen guten Schluck Whiskey.“

Gen zögerte. „Er würde nicht wollen, dass ...“

„Ich sagte, holen Sie Whiskey, Frau!“, brüllte der Arzt unvermittelt. „Jetzt ist nicht die Zeit für eine Abstinenz-Predigt!“

„Ich mache das“, sagte Elliot schnell. „Und - ich könnte einen guten starken Tee gebrauchen!“

Gen nickte und floh in die Küche. Ihre Augen waren tränenverschleiert, als Simon einen seiner schrecklichen Hustenanfälle bekam.

Elliot ging hinaus, versorgte die Pferde und kam mit einer Flasche Whiskey zurück, die er Dr. Abernathy brachte. Dann ging er in die Küche, wo Gen regungslos am Tisch saß.

Elliot machte Tee und brachte Gen auch eine Tasse. „Der Whiskey hat geholfen. Er ist jetzt viel ruhiger."

„Wahrscheinlich ist er völlig betrunken. Ich glaube, er hat noch nie einen Tropfen Whiskey von nahem gesehen."

„Der Doktor bleibt über Nacht. Er sagte, er würde rufen, wenn er etwas braucht."

Gen nickte. „Ich war gerade dabei, einen Brief an Miss Jane zu schreiben", sagte sie und war überrascht, wie interessiert Elliot auf einmal wirkte. „Rebecca und Timothy Sutton haben eine Tante, die in Europa gelebt hat und deshalb unsere Suchanzeigen nicht lesen konnte. Sie hat Miss Jane gebeten, eine Weile bei ihr in St. Louis zu leben, um den Kindern die Eingewöhnung zu erleichtern."

„Dann ist sie also für längere Zeit fort?"

Gen nickte wieder und beobachtete Leightons Reaktion sehr genau. Er versuchte gar nicht erst, seine Enttäuschung zu verbergen. „Vielleicht möchten Sie etwas zu meinem Brief hinzufügen?", bot sie an.

„Ja", sagte er eifrig. „Das würde ich sehr gern tun."

Dr. Abernathy kam. „Ich brauche heißes Wasser für Umschläge." Elliot setzte sich zu Simon, während Gen dem Arzt half. Simon lag unter einem Deckenberg und lallte vor sich hin.

Als der Arzt zurückkam, schickte er sie beide hinaus. „Ruhen Sie sich aus. Wir werden alle unsere Kräfte brauchen, bis das hier überstanden ist."

Gen und Elliot gingen unschlüssig in die Küche. „Mr. Leighton, der zweite Raum auf der linken Seite im Obergeschoss ist frei. Dort können Sie sich hinlegen. Ich glaube nicht, dass ich jetzt schlafen kann."

Elliot sagte: „Er ... er wollte unbedingt herkommen. Ich hätte nicht gedacht, dass es so schlecht um ihn steht!"

„Es tut mir Leid, dass ich Sie vorhin so angeschrien habe. Ich weiß ja, wie Simon sein kann. Sie trifft keine Schuld."

„Ich konnte ihn nicht davon abbringen. Er meinte, er würde sich durch nichts und niemanden noch länger von seinen Mädchen fern halten lassen. Auch nicht durch einen Drei-Tages-Ritt."

„Drei Tage?", fragte Gen abrupt.

Elliot nickte. „Ja, wir waren in Fort Ridgely."

„Aber ... warum?"

Sie setzten sich und Elliot atmete tief durch, bevor er begann: „Zuerst muss ich Ihnen etwas sagen." Seine blaugrauen Augen suchten ihren Blick und hielten ihn fest.

Sie stand auf und ging zum Herd, um Tee zu holen. Dann schenkte sie ihnen beiden eine Tasse voll ein. „Was es auch ist, es hat Ihre Meinung über Indianer verändert."

Er hob die Augenbrauen. „Woher wissen Sie das?"

„Ihre Tasse. Sie haben eben daraus getrunken, ohne vorher den Rand abzuwischen. Vorher haben Sie das immer getan, wenn ich Ihnen Tee eingeschenkt hatte - und nur bei mir. Als ob meine Hand die Tasse irgendwie verunreinigt hätte."

Elliot senkte den Kopf. „Ich könnte es Ihnen nicht verdenken, wenn Sie mir das nie verzeihen."

Gen nahm seine Hand und drückte sie. „Jetzt erzählen Sie mir, was in Crow Creek passiert ist."

In den langen Stunden, in denen sie warteten, erzählte Elliot Gen alles über ihre Zeit in Crow Creek. Als er die Flucht mit den Dakota beschrieb, fiel ihm etwas ein: „Oh, das hätte ich beinahe vergessen! Eine der Dakota kennen Sie, eine alte Frau namens Gute Mutter."

Gen keuchte: „Ja, oh ja! Geht es ihr gut?"

Elliot nickte. „Sie hat Simon zweimal behandelt und ihm Linderung verschafft, als es ihm noch schlechter ging als jetzt." Er lehnte sich vor und flüsterte: „Sie hat ihm die übel riechendsten Säfte eingeflößt, aber es hat geholfen!"

Gen nickte. „Ich erinnere mich noch an die ‚Stinkpflanze' – meine Mutter hat mich auch immer gezwungen, den Saft zu trinken, wenn ich Husten hatte."

„Nun ja, ich hoffe, Dr. Abernathys Medizin und der Whiskey helfen nur halb so gut!" Er rieb sich den Nacken. „Ich möchte hören, wie es Jane ergangen ist, aber nicht mehr heute Abend." Er stand auf. „Kann ich Sie nicht davon überzeugen, sich auch ein wenig hinzulegen? Bald wird es schon Morgen!"

Gen schüttelte den Kopf. „Ich lege mich im Wohnzimmer auf die Couch. Dann bin ich in der Nähe, falls ... etwas sein sollte." Sie lächelte ihn an. „Danke, Mr. Leighton, dass Sie ihn nach Hause gebracht haben."

„Elliot. Bitte nennen Sie mich Elliot."

*

Dr. Abernathy verbrachte den größten Teil der nächsten drei Tage an Simons Bett. Er machte heiße und kalte Wickel, flößte Simon diverse Tränke ein und drohte ihm sogar einmal, sich auf ihn zu setzen, als er sich weigerte, den verschriebenen Whiskey zu trinken.

Elliot Leighton erwies sich nicht nur als guter Krankenpfleger, sondern auch als kompetenter Babysitter.

„Nein, du kannst heute die Schule nicht schwänzen", sagte er zu Aaron, um Gen die Diskussion zu ersparen. „Die Leighton-Männer haben immer eine hervorragende Ausbildung erhalten und deinem Vater wäre es auch nicht recht!"

„Autsch!", rief er in gespieltem Entsetzen, als Hope an seinen langen weißen Haaren zog. Dann kitzelte er sie durch, bis sie um Gnade bat.

„Also gut", gab er eines Morgens nach und zeigte der neugierigen Meg endlich, wie die Prothese an seinem Oberarm befestigt wurde.

*

Nicht lange nachdem Simon und Elliot Fort Ridgely verlassen hatten, organisierte Captain Willets den Aufbruch eines Bataillons nach Westen, wo sie General Sully bei seinem 1864er Feldzug gegen die feindlichen Sioux in Süd-Dakota unterstützen sollten.

Robert hatte protestiert, als Daniel ihm mitteilte, dass er mitgehen würde. „Reverend Dane hat gesagt, die Regierung würde möglicherweise jedem von uns drei Hektar Land in der Nähe des alten Reservats zur Verfügung stellen. Wir könnten wieder eine Farm haben, Daniel!“

„Ich hoffe, dass das stimmt“, sagte Daniel. „Aber ich kann hier nicht bleiben. Viel zu oft habe ich mein Pferd schon in diese Richtung gelenkt.“ Er nickte in Richtung St. Anthony. „Mein Kopf weiß, dass es falsch wäre, aber mein Herz will sie immer noch zurückerobern.“

23

Aber dies alles, was mir früher als großer Vorteil erschien, habe ich durch Christus als Nachteil und Schaden erkannt.
Philipper 3,7

„Wir dachten ... tot! Wie ...?“, stammelte Simon im Schlaf und warf sich unruhig hin und her.

Gen stand von ihrem Stuhl auf und ging zu ihm. Sie tauchte ein frisches Tuch in kaltes Wasser und legte es ihm auf die Stirn, dann streichelte sie ihm zärtlich die Wange.

„Der Doktor sagt, dass du wieder gesund wirst, Lieber“, flüsterte sie. „Entspann dich nur und schlafe. Das Fieber ist schon gesunken.“

Er murmelte weiter vor sich hin. Ab und zu verstand Gen einen Wortfetzen, es ging um Crow Creek und Gute Mutter, um Hunger und Tod. Und dann um etwas Unmögliches. Etwas, das Gens Hände zum Zittern brachte, als sie die nächste kalte Kompresse vorbereitete.

Er redet ihm Fieberwahn, erinnerte sie sich. *Es ist nur ein Traum gewesen.* Trotzdem fühlte sie sich schwindelig.

Als Simon wieder in einen ruhigeren Schlaf fiel, ging Gen in die Küche und starrte dort am Tisch sitzend vor sich hin.

Elliot, der ihre Schritte gehört hatte, kam hereingestürmt. „Was ist?“, rief er besorgt. „Soll ich den Arzt rufen?“

„Nein, es geht ihm gut. Er träumt nur unruhig und redet im Schlaf.“ Gen seufzte und strich sich eine Strähne aus dem Gesicht. „Macht es Ihnen etwas aus, wenn ich mich eine Weile hinlege? Die Kinder schlafen sicher noch ein paar Stunden.“

„Natürlich nicht, gehen Sie nur.“

Elliot ging zu Simon und Gen schleppte sich in ihr Zimmer. Meg und Hope schlummerten noch selig. Gen sank völlig erschöpft auf ihr Bett, doch es wollte ihr nicht gelingen einzuschlafen. Nach einer ganzen Weile stand sie wieder auf und beschloss, schon mal das Frühstück vorzubereiten.

Dann fielen ihr Simons Satteltaschen ein, die immer noch unausgepackt in seinem Zimmer standen. Es war ohnehin Samstag – Waschtag! Leise schlich sie sich in Simons Zimmer, holte die Packtaschen und ging lautlos wieder hinaus. Als sie das erste Hemd aus den Satteltaschen zog, fiel etwas zu Boden. Gen nahm an, es sei Simons Bibel, und legte sie einfach auf den Küchentisch, ehe sie weitermachte. Sie setzte Wasser auf und holte den Waschzuber. Die vermeintliche Bibel lag ihr im Weg; sie wollte sie weglegen und merkte dabei, dass es gar keine Bibel war und ihr seltsam vertraut vorkam.

Mit klopfendem Herzen ließ sie sich auf einen Stuhl sinken. Sie klappte das Buch auf und erkannte mit einem kleinen Ausruf des Erstaunens die geschwungene Schrift ihres Vaters. Dann sah sie sich selbst als Baby in den Armen ihrer Mutter. Ein paar Seiten weiter krabbelte sie bereits und nach und nach sah Gen sich selbst aufwachsen. Mit tränenüberströmten Gesicht blätterte sie weiter.

Sie schluchzte leise, als sie plötzlich Schritte hörte und Elliot vor ihr stand. Er hatte einen seltsamen Gesichtsausdruck, als er fragte: „Wo haben Sie denn das gefunden?"

Gen wedelte in Richtung des Wäschehaufens. „Ich .. ich wollte Simons Sachen waschen ..."

Elliot setzte sich. „Ich denke, Simon sollte es Ihnen selbst sagen. Ich möchte Sie nicht hinhalten, wirklich nicht. Es ist nur ..."

„Ich will es jetzt sofort wissen", sagte Gen und in ihren dunklen Augen war das Durcheinander ihrer Gefühle deutlich zu erkennen. „Woher hat Simon dieses Buch? Wenn Sie es mir erzählen, muss ich ihn nicht aufregen."

Elliot sah zur Seite und sammelte sich. „Er hat Simon das Versprechen abgenommen, es Ihnen nicht zu sagen", murmelte er dann. „Ich habe es selbst gehört. Er sagte: ‚Sie sollten das haben, aber vergessen Sie, dass Sie mich je gesehen haben.'"

„Wer? Wer hat das gesagt?" Gen war zornig, doch als Elliot nicht antwortete, wanderte ihre Hand zu ihrem Hals und dann zu ihrem Mund. Tränen stürzten ihr aus den Augen. „Ist er ... geht es ihm ... gut?“, krächzte sie.

„Ja“, sagte Elliot nur.

„War er ein Gefangener?“

„Nein, er arbeitet als Scout für die Armee in Fort Ridgely.“

„Fort Ridgely“, wiederholte Gen. *So nah und so weit weg!*

„Gen“, sagte Elliot und legte seine Hand auf ihre. „Er war es, der Gute Mutter zu Simon gebracht hat. Er ist ein guter Mann.“

Gen nickte. „Ja, das ist er.“ Sie wischte sich die Tränen ab.

„Ich habe selbst gehört, wie er Simon gebeten hat, es Ihnen nicht zu sagen“, wiederholte Elliot. „Ich denke, er wollte, dass Sie ...“ Er brach ab. „Er bat Simon, die Kinder zu umarmen, und er wünschte Ihnen ein gutes Leben und eine Familie. Das war direkt vor unserem Aufbruch.“

Gen schluckte schwer und nickte. Noch immer liefen ihr die Tränen übers Gesicht.

„Was ... was kann ich tun, Gen?“, fragte Elliot. „Kann ich Ihnen irgendwie helfen?“

Gen starrte auf das Skizzenbuch ihres Vaters hinunter. Dann hielt sie es Elliot hin. „Nehmen Sie das“, flüsterte sie. Dann stand sie auf und musste die Stuhllehne umfassen, um nicht zu taumeln. „Wenn die Kinder aufwachen, sagen Sie ihnen bitte, dass sie ihre Wäsche runterbringen sollen. Aaron soll die Wanne füllen. Und würden Sie ... Frühstück ... ?“

„Ich mache Rührei. Oder was Sie sonst wollen“, sagte Elliot schnell.

Gen nickte. „Danke. Ich ... ich werde wohl einfach einen Spaziergang machen.“ Sie ging in Richtung Tür, dann hielt sie inne. „Elliot“, sagte sie.

„Ja?“

„Kann ich Ihnen vertrauen?“ Sie nickte zu dem Zimmer hinüber, in dem Simon lag. Ihre Stimme war ganz schwach, als sie sagte: „Er darf nicht wissen, dass ich es weiß. Versprechen Sie mir, dass Sie es ihm nicht sagen.“

„Was haben Sie vor?“, fragte er leise.

Gen zwang sich zu einem Lächeln. „Ich mache einen Spaziergang. Dann werde ich nach Hause kommen und die Wäsche meiner Familie waschen", sagte sie schlicht.

*

„Ja, ich will!"

Geneviève LaCroix sah in Simons Augen und lächelte. Über seine Schulter hinweg blickte sie auf Aaron, der sie breit angrinste. Und hinter ihm stand Elliot Leighton und nickte nur.

„Willst du, Simon Dane, diese Frau zu deiner rechtmäßig angetrauten Ehefrau nehmen?", fragte Samuel Whitney nun Simon.

„Ja, das tue ich", sagte Simon und korrigierte sich dann: „Ja, ich will."

Die Hochzeitsgemeinde lachte.

Samuel erklärte Geneviève und Simon zu Mann und Frau. „Lasst uns nun gemeinsam ein Segensgebet für die beiden sprechen", sagte er dann und hob die rechte Hand. „Der Herr segne und bewahre euch. Der Herr lasse sein Angesicht leuchten über euch und sei euch gnädig. Der Herr erhalte euch seinen Frieden. Amen!" Er öffnete die Augen. „Und nun, Simon, darfst du die Braut küssen!"

Meg kicherte haltlos, Aaron wurde rot, und Hope riss sich von Nina los und rannte zu Gen. Sie zerrte an ihrem Kleid und rief: „Hoch, Mama!"

Simon beugte sich lachend vor und küsste Gen züchtig auf die Wange, bevor er Hope aufhob. Dann legte er den anderen Arm um Gen und atmete tief den Duft der Wildblumen ein, die sie in ihr Haar geflochten hatte.

Am späten Nachmittag fuhren sie alle zum Bahnhof. Unter Tränen und Abschiedsgrüßen stiegen Gen und Simon, Aaron, Meg, Hope und Elliot in den Zug nach Süden.

„Was is das, Onkel Lott?", wollte Hope wissen, die auf Elliots Schoß auf und ab hüpfte und aus dem Fenster zeigte. Kaum hatte er eine Frage beantwortet, bombardierte sie ihn mit den fünf nächsten, bis Gen sie ihm abnehmen wollte.

„Lass, nur“, sagte Elliot lachend und Hope schmiegte sich in seine Armbeuge. Sie warf Gen einen triumphierenden Blick zu und diese musste lächeln. „Noch keine zwei Jahre alt, und schon kommandiert sie die Männer herum!“

„Da kommt sie ja ganz nach ihrer Mutter“, grinste Simon.

„Was?“, rief Gen und schlug ihm mit gespielter Entrüstung auf den Oberschenkel. „Habe ich dich je herumkommandiert?“

„Nun ja, du machst das subtiler. Wie du mich zum Beispiel dazu überredet hast, die Dakota-Bibelübersetzung in der Druckerei in New York zu überarbeiten, statt ins Reservat zurückzukehren ...“

„Der Arzt hat gesagt, du brauchst eine längere Erholungspause“, protestierte Gen lachend.

„Und dann dein Heiratsantrag, als ich praktisch auf dem Sterbebett lag!“, setzte Simon noch eins drauf.

„So etwas habe ich nie getan!“, sagte Gen entrüstet.

„Doch, hast du! Gott sei Dank“, grinste Simon.

Nach einer Weile fröhlichen Geplauders wurden alle müde und bald hatte das gleichmäßige Rattern des Zuges sie in den Schlaf gelullt.

Gen lächelte noch, als sie an den Tag zurückdachte.

„Ich sehe alt genug aus, um dein Vater zu sein!“, hatte Simon mit komischer Verzweiflung zu ihr gesagt.

„Du siehst aus wie ein Mann mit Charakter. Ein Mann mit Lebenserfahrung!“, hatte Gen erwidert und ihn leicht geküsst.

„Ich habe versprochen, nie etwas von dir zu verlangen, was du nicht freiwillig geben willst“, sagte er und errötete.

Sie hatte sich auf die erste Treppenstufe gestellt, um auf gleicher Augenhöhe mit ihm zu sein. „Und ich habe dir gesagt, dass ich mir Leidenschaft in meinem Leben wünsche. Das gilt auch immer noch, Reverend Dane!“ Sie sah ihm in die Augen. „Ich bin erst 20 Jahre alt, Simon. Erwarte nicht von mir, dass ich mich wie eine alte Ehefrau verhalte!“

Etwas war in seinen Augen aufgeflackert und dann hatte er sie intensiv geküsst.

Der Zug verlangsamte ruckelnd seine Fahrt und Gen öffnete die Augen. Eine kleine Pferdeherde galoppierte auf einer großen Weide neben den Gleisen dahin und der weiße Leithengst erinnerte sie an das erste Mal, als sie Daniel Leuchtender Stern gesehen hatte. Er war mit seinem Freund Roter Donner und diesem unsympathischen Kerl Otter in den Hof ihres Vaters geritten und hatte genau so einen Schimmelhengst besessen.

Während der Zug durch Iowa ratterte, nahm Gen Simons Hand und legte sich seinen Arm um die Schulter. Er zog sie an sich und Gen schloss die Augen. Sie würde die beste Ehefrau, die beste Mutter und die beste Schwägerin sein, die sie sein konnte. Und sie würde glücklich sein. Einfach weil es richtig war.

24

Werdet barmherzig, so wie euer Vater barmherzig ist! . . . Verzeiht, dann wird Gott euch verzeihen.
Lukas 6,36-37

Daniel Leuchtender Stern lenkte seinen braunen Wallach an den vorderen Reitern der Einheit vorbei und raste hinter den beiden Dakota her, die sie verfolgten. Während der Braune mit dem Pony des ersten Kriegers aufschloss, nahm Daniel die Füße aus den Steigbügeln. Ein Sprung und er und der andere Reiter rollten sich am Boden. Der Krieger war schneller wieder auf den Füßen und bedrohte Daniel mit dem Messer, als ein Schuss knallte und der Dakota getroffen zusammensank.

„Gute Arbeit, Leuchtender Stern", sagte Captain Willets und stieg vom Pferd. Er drehte den toten Dakota auf den Rücken.

„Ein Yanktonais", sagte Daniel. „Vermutlich ein Halbblut."

„Woher weißt du das?", fragte Willets.

„Er hat recht helle Haut", sagte Daniel. „Und dann das Muster auf seinen Mokassins." Brady Jensen kam herangeritten und schleifte die Leiche des anderen Dakota hinter seinem Pferd her.

Captain Willets funkelte ihn wütend an. „Mein Befehl lautete, sie zu schnappen, Soldat, nicht, sie wie Tiere zu behandeln."

Jensen zuckte die Achseln. „Er wollte einen Kampf und ich bin auf seine Wünsche eingegangen." Er holte eine lose zusammengebundene Rolle mit Papieren hervor. „Ich würde sagen, das waren die beiden, die Fielner umgebracht haben", sagte er und gab Willets das Bündel. Der blätterte es durch und betrachtete flüchtig die Zeichnungen von Prärieblumen und Vögeln. Dann steckte er die Zeichnungen kopfschüttelnd in seine Satteltaschen. Dieser verdammte Idiot von Fielner! Hatte unbedingt eine Malexkursion machen müssen. Erst heute Morgen hatten sie seine Leiche gefunden.

„Bringen wir sie ins Camp", sagte Willets.

Jensen stieg ab und wollte auch die zweite Leiche mit einem Strick an sein Sattelhorn binden.

„Nicht Sie", sagte Willets kurz. Er winkte Daniel zu sich. „Leuchtender Stern soll das übernehmen."

Jensen zuckte die Achseln und wich zurück.

Es dauerte eine Weile, die Ponys der Indianer einzufangen. Als sie sie endlich hatten, band Daniel die Hände und Füße der Krieger zusammen und legte sie über die Rücken ihrer Ponys. Dann ritt er mit ihnen ins Camp. Wenn er gewusst hätte, was General Sully anordnen würde, hätte er sich geweigert, die Leichen ins Fort zu bringen. Es dauerte einen Moment, bis er Edward Popes Geschichte Glauben schenkte.

„Wirklich, Daniel. Er wird es durchziehen und Jensen hat sich freiwillig gemeldet!"

Daniel und einige der anderen Scouts überzeugten sich persönlich davon, dass das stimmte. Und tatsächlich - die beiden Krieger waren enthauptet und ihre Köpfe auf hohen Pfosten aufgespießt worden. Daniel wandte sich ab; sein Magen revoltierte.

Am nächsten Morgen brüstete sich Jensen immer noch mit seiner Tat. „Ich schätze, so kapieren sie irgendwann, was ihnen blüht, wenn sie weiter Weiße umbringen."

Daniel tat so, als hätte er nichts gehört. Sie waren bereit zum Abritt, als Captain Willets zu ihnen kam. „Der General bietet dir ein Gewehr und ein Pferd als Belohnung an", sagte er zu Daniel.

„Ist es ein Spencer?", fragte Daniel.

„Nein", sagte Willets grinsend. „Dann hätte ich ihn selbst drum gebeten!" Er hielt Daniel das Gewehr hin. „Sieht ziemlich mitgenommen aus."

Daniel inspizierte das Gewehr. „Immer noch besser als keins", sagte er und reichte die Waffe an den Captain zurück. „Geben Sie es Edward Pope. Er hat kein Gewehr und ich schulde ihm was."

Willets nickte. „Was ist mit dem Pferd?"

„Der Schimmelhengst?"

„Er lässt immer noch keinen an sich heran. Jensen hat er schon zweimal in den Hintern getreten!"

Daniel grinste. „Scheint so, als würden wir uns verstehen. Er braucht einfach jemanden, der seine Sprache spricht!" Damit machte er sich auf den Weg zu den Pferdekoppeln.

*

Die Nachricht, dass General Sully zwei Krieger enthauptet hatte, verbreitete sich wie ein Präriefeuer von Minnesota bis nach Kanada. Doch statt weiteres Blutvergießen zu verhindern, brachte diese Entehrung die Santees und Yanktonais dazu, sich zusammenzurotten und Sullys weitere Bewegungen zu beobachten.

Die Scouts fanden kalte Feuerstellen und Büffelknochen, aber keine Indianer. Dabei wussten sie, dass sie beobachtet wurden. Immer wieder blitzten Spiegel auf, wenn sich die Indianer gegenseitig über die Truppenbewegungen informierten.

Wasser zu finden war eine ständige Herausforderung. Mehr als einmal marschierten sie 48 Kilometer ohne etwas zu trinken. Ihre Zungen schwollen an und mehrere Pferde starben. Manchmal marschierten sie in der Nacht, um die Tageshitze zu umgehen. Einmal zogen sie den ganzen Tag über verbrannte Erde.

Eines besonders drückenden Tages kamen sie endlich an ein Flussbett und fanden nur eine kleine matschige Pfütze mit Ungeziefer. Voller Verzweiflung sprang Edward Pope von seinem Muli und begann zu graben. Alle feierten ihn als Helden, als er in etwa einem Meter Tiefe auf eine Wasserader mit klarem, kühlem Wasser stieß. Sie jubelten und riefen durcheinander, bis Brady Jensen, inzwischen Leutnant, sie anschrie: „Wollt ihr uns die Rothäute auf den Hals hetzen?"

Daniel sah ihn an und musste lachen. „Mit Verlaub, Sir, aber sämtliche Indianer der Gegend wissen sowieso sehr genau, wo wir sind! Anscheinend haben sie aber keine Lust zu kämpfen.

Wahrscheinlich hoffen sie, dass wir irgendwann einfach wieder nach Hause zurückreiten."

Trotz allem Gerede geschah nicht viel in den nächsten Wochen, bis auf einige wenige Überfälle von versprengten Dakota-Gruppen. Die Einheit bewegte sich so langsam vorwärts, dass sich die Scouts schon fragten, ob sie vor dem Winter überhaupt noch Indianer finden würden. Sie mussten mühsam Brücken errichten, um die Gespanne über Flüsse zu bringen. Immer wieder gab es Pannen mit den Wagen und die ständige Suche nach Wasser hielt sie immer wieder auf. In den Nächten wurden sie von blutrünstigen Moskitos heimgesucht oder von Giftschlangen erschreckt.

Eines Abends besuchte Daniel Edward Pope an dessen Lagerfeuer. Edward sah in den Sternenhimmel hinauf und sagte: „Weißt du, was ich denke, Leuchtender Stern? Ich denke, dass Gott, als er die Welt erschaffen hat, keine Zeit mehr hatte, hier herauszukommen - deswegen hat er es einfach so gelassen, wie es war: natürliches Chaos!" Er schlug sich an den Nacken, um einen Moskito zu töten. „Ich hätte in Fort Ridgely bleiben sollen!"

Während sie unterwegs waren, wurden sie beständig von einer Staubwolke umhüllt. Eines Tages stießen sie auf einen indianischen Friedhof. Auf einer Bahre lag die Leiche eines Kriegers. Daniel und die anderen Scouts schauten schweigend auf den Kreis mit den fünf Büffelschädeln.

An diesem Abend zeigte Brady Jensen stolz einen schön bestickten Medizinbeutel herum.

„Woher haben Sie das?", fragte Captain Willets scharf. „Erzählen Sie mir nicht, dass sie das Grab entweiht haben!"

„Ach, Captain", sagte Jensen, „die Rothaut hat nichts gesagt, als ich ihm das weggenommen habe." Damit nahm er noch einen Schluck aus der Whiskeyflasche, die am Feuer herumgereicht wurde.

„Ist Ihnen denn gar nichts heilig?", schimpfte Willets. „Wenn ich noch einmal so etwas mitbekomme, können Sie was erleben. Ist Ihnen nicht klar, dass die Indianer genau gesehen haben, was Sie tun? Sie können drauf wetten, dass Sie das büßen werden!"

Jensen zuckte die Achseln. „Ich hab mir nichts dabei gedacht."

Am 27. Juli legte die Truppe 75 Kilometer in der brütenden Hitze zurück. Als sie abends halb verdurstet ihr Camp aufschlugen, erfuhren sie, dass mehrere tausend Sioux nur ein paar Kilometer entfernt am Fuß des Tahakouty lagerten.

„Es sind Uncpapas, Sans Arcs, Blackfeet, Minneconjous, Santee und Yanktonais", berichteten die Scouts.

„Und jede Menge davon", fügte ein Soldat hinzu.

General Sully würde später behaupten, dass seine 2.000 Mann sich tapfer gegen 5.000 Indianer geschlagen hatten. Daniel Leuchtender Stern las später als alter Mann seinen Bericht und musste lachen. „Das beweist, dass 2.000 Krieger nach sehr viel mehr aussehen, wenn sie in Kriegsbemalung losreiten!"

Daniel tat sein Möglichstes, um sich aus dem Kampf herauszuhalten. Er hatte keine Lust, Frauen und Kinder zu jagen und die Tipis abzubrennen.

In der Nacht nach dem Kampf schlichen sich einige Krieger nahe genug ans Lager der Soldaten, um ein paar Pfeile abzuschießen. Einer von ihnen traf Brady Jensen und durchbohrte seinen Unterleib. Der Arzt holte ihn heraus, aber gegen Morgen wurde Jensen klar, dass er sterben würde. Er ließ nach Daniel schicken.

„Ich will nicht vor meinem Schöpfer stehen und das hier auf dem Gewissen haben", keuchte er und hielt Daniel den Medizinbeutel hin. „Wäre nett, wenn du es zurückbringen könntest." Er röchelte und verkrampfte sich. Dann sagte er: „Der Kerl, den ich da draußen von hinten erschossen habe - dein Freund -, das war nicht richtig. Es war kein fairer Kampf." Er umklammerte Daniels Arm so fest, dass es wehtat. „Der Capt'n sagt, du bist Christ. Dann musst du mir wohl vergeben." Und damit starb er.

Sully sammelte seine Truppen und machte sich auf den Rückweg zum Missouri. Daniel und die anderen Scouts verteilten sich an den Grenzen; einige gingen nach Crow Creek, um nach ihren Familien zu sehen. Daniel aber wandte sich nach Osten. Er verbrachte ein paar Wochen im neu erbauten Fort Wadsworth. Dann brach er ruhelos wieder auf und ritt in Richtung Dakota.

*

Gute Mutter und Die Aufrecht Steht schleppten einen halb vollen Sack Bohnen zwischen den Reihen entlang und pflückten unermüdlich die grünen Schoten. Der Garten war beinahe unkrautfrei und brachte hervorragende Ernten, was vor allem an dem Bewässerungssystem lag, das Jeb erfunden hatte. Marjorie saß im Schatten auf der Veranda und nähte mit ihrer neuen Maschine. Es war die erste Nähmaschine in der ganzen Gegend und sie hatte einiges Aufsehen erregt, als Jeb sie aus New Ulm geholt hatte. Marjorie wollte sich etwas dazuverdienen, indem sie für die Offiziersfrauen in Fort Ridgely Kleider nähte.

Eisernes Herz und Jeb hatten den Wagen mit Mais beladen und tranken gerade einen Schluck, als ein Reiter auf einem Schimmelhengst den Weg von Fort Ridgely herauftrabte.

Daniel Leuchtender Stern war nach Hause gekommen.

25

Wer eine Frau gefunden hat, hat das Glück gefunden.
Sprichwörter 18,22

„Tante Jane!"

Timothy streckte seinen Kopf durch die Tür und zischte: „Pssssst! Es ist eine Überraschung!"

Jane sah von ihrer Lektüre auf und sah Timothy noch grinsen, bevor er wieder verschwand. Kopfschüttelnd wandte sie sich wieder ihrem Buch zu.

Dann kam Fanny Laclede herein und lud sie zum Tee ein. „Ich weiß, es ist ein bisschen früh", sagte sie, „aber Richard und ich haben heute Abend etwas vor und wollten Sie etwas fragen."

Als Jane aufstand, fügte Fanny hinzu. „Vielleicht möchten Sie sich etwas frisch machen ... wir haben möglicherweise Gäste."

„Oh, Mrs. Laclede, dann möchte ich nicht stören", sagte Jane etwas entrüstet darüber, dass Fanny ihr Aussehen anscheinend nicht gut genug fand.

„Oh nein, das wollte ich damit auf keinen Fall sagen!", rief Fanny. „Es ist nur so, dass ... ach je, in solchen Dingen bin ich nicht gut!" Sie seufzte. „Es gibt eine Überraschung und ich wollte nur sicherstellen, dass Sie ganz zufrieden mit Ihrem Aussehen sind. Jetzt sagen Sie bitte nichts mehr, beeilen Sie sich nur! Wir warten schon!" Damit eilte sie davon.

Der Gedanke, dass jemand auf sie warten musste, ließ Miss Jane in hektische Aktivität ausbrechen. Sie stürzte in ihr Zimmer und zog ihren besten grauen Rock an. An der weißen Bluse, die sie dazu immer trug, fehlte zwar der oberste Knopf, aber das konnte sie mit einer Brosche vertuschen. Ein Blick in den Spiegel ließ sie die Nase rümpfen. Ihr Haar sah unmöglich aus. Aber egal jetzt. Schon seit ihrer Kindheit kämpfte sie mit ihren widerspenstigen Haaren und an einem feuchtwarmen Tag wie heute konnte man sie zu keinerlei Ordnung überreden. Sie steckte ein paar Haarnadeln hinein, zupfte ihren Rock zurecht und machte sich auf den Weg nach unten.

Rebecca und Timothy warteten schon an der Treppe auf sie, ihre Gesichter leuchteten vor Aufregung. „Überraschung!", riefen sie im Duett und da stürmten auch schon Meg und Aaron Dane auf Miss Jane zu.

„Meine Güte!", war alles, was Miss Jane hervorbringen konnte. Sie umarmte die Kinder und ließ sich dann von ihnen in den großzügigen Salon geleiten, wo Richard und Fanny sie anlächelten und dann Platz für Gen, Simon und Elliot Leighton machten, die alle Miss Jane begrüßen wollten.

„Ich ... was, wie ...?", stammelte Miss Jane, dann lachte sie einfach nur, als Elliot sich vor ihr verbeugte und ihr einen formvollendeten Handkuss gab.

„Sie sind jetzt verheiratet!", platzte Meg heraus und deutete auf Gen und Simon. „Und wir sind auf dem Weg zu Großmutter Leighton. Wir wollten nur mal Hallo sagen!"

Simon lächelte Miss Jane an. „Ich denke, das fasst wohl alles ganz gut zusammen."

Miss Jane wandte sich an Hope, die sich schüchtern hinter Gen versteckte. „Hallo, mein Schatz! Ich hoffe, du hast mich nicht vergessen!"

Sie zog ein Bonbon aus der Tasche und sofort stürmte Hope lachend auf sie zu.

„Bestechung!", grinste Miss Jane. „Funktioniert doch immer!"

Und so begann ihre Wiedervereinigung, die beinahe zwei Wochen andauern sollte. Die Lacledes bestanden darauf, dass Elliot und die Familie Dane bei ihnen wohnte.

„Das Haus steht sowieso halb leer", sagte Fanny. „Wenn Sie hier sind, fühlt es sich nicht so geisterhaft an!"

Aaron ging jeden Morgen zum Hafen, fasziniert von der Geschäftigkeit der ankommenden und abfahrenden Dampfschiffe. Richard war sehr angetan von seinem Interesse und seinen gescheiten Fragen über sein Importgeschäft.

Meg, Hope, Timonthy und Rebecca spielten miteinander, als seien sie nie getrennt gewesen.

Und Miss Jane und Fanny sorgten dafür, dass Gen und Simon richtige Flitterwochen verleben konnten. Eines Abends kam eine Kutsche und entführte das ahnungslose Paar in das feinste Hotel von St. Louis. In einem Separée wurden sie von einem französischen Kellner bedient, der zunächst etwas steif war, dann aber völlig außer sich geriet, als Gen in makellosem Französisch ihre Speisen bestellte. Nach dem Essen steckte der Kellner Simon den Schlüssel für Zimmer Nummer 215 zu und beglückwünschte ihn überschwänglich.

Hand in Hand gingen sie hinauf und schnappten überrascht nach Luft, als sie die Tür öffneten und eintraten.

„Ich wusste gar nicht, dass es so etwas überhaupt gibt!", sagte Gen und berührte ehrfürchtig die Samtkissen und Seidenbezüge.

„Wir können hier nicht bleiben", sagte Simon. „Es ist ..."

„Es ist offensichtlich, dass Fanny und Richard es sich ohne Probleme leisten können, Simon. Es wäre sehr unhöflich, ihr großzügiges Geschenk abzulehnen." Sie ließ sich auf das Sofa vor dem marmornen Kamin sinken und seufzte.

Simon sah aus dem Fenster. „Man kann den Fluss sehen."

„Den Fluss kannst du morgen noch betrachten", sagte Gen, die hinter ihn getreten war.

Er schluckte. „Geneviève, ich ... ich sollte dir sagen, dass ich nicht besonders ... gut ... in solchen ... Dingen bin."

„Manchmal, Reverend Dane", sagte Gen und streichelte seinen Bart, „reden Sie immer noch zu viel."

*

Elliot Leighton ging den halben Morgen vor dem Anwesen der Lacledes auf und ab, bevor er den Mut fasste, hineinzugehen und nach Jane zu fragen. Als sie herauskam, etwas zerzaust und nicht in bester Stimmung, hätte er am liebsten einen Rückzieher gemacht. Das Treffen begann sehr schlecht.

„Wir reisen morgen ab", setzte er an.

„Ja, ich weiß", sagte sie und stand kerzengerade vor ihm.

„Ich habe für nächste Woche einen Termin mit Senator Lance vereinbart. Er ist ein alter Kamerad aus West Point. Vielleicht kann er etwas für die Dakota tun."

Miss Jane hob die Augenbrauen. „Ja, Reverend Dane erwähnte so etwas."

„Hoffentlich hört er mir zu." Er strich sich nervös über den Schnurrbart. „Schließlich bin ich Augenzeuge der Verhältnisse dort. Ich wollte, dass Simon auch mitkommt, aber die Ärzte sind der Meinung, dass er nicht reisen sollte."

„Ja", nickte Miss Jane. „Er wirkt recht hinfällig."

„Er wird wieder gesund, heißt es. Muss es nur noch ein paar Monate langsam angehen lassen, und sich warm halten."

Miss Jane nickte wieder. „Gen wird schon auf ihn aufpassen."

„Sie sind glücklich zusammen, meinen Sie nicht auch? Ich meine, der Altersunterschied scheint nichts auszumachen."

„Wenn zwei Menschen fest entschlossen sind, eine gute Ehe zu führen, funktioniert das meistens", sagte Miss Jane vage. „Zumindest habe ich das beobachtet. Und sie haben ja auch die Kinder, die sie verbinden."

Elliot murmelte etwas Zustimmendes und sah zu Boden.

„Möchten Sie einen Tee, Mr. Leighton?", erkundigte sich Miss Jane, die sich langsam fragte, wann er wohl zu dem Thema kommen würde, wegen dem er gekommen war.

„Nein", sagte er abrupt. „Nein ... ich, danke, ich brauche keinen Tee." Er deutete auf einen Stuhl. „Würden Sie sich hinsetzen, bitte – Jane ... darf ich Sie Jane nennen?"

Jane setzte sich und nickte.

Elliot begann wieder auf und ab zu gehen. „Ich habe Ihnen einiges zu sagen."

„So sieht es aus", sagte Jane trocken.

„Zunächst einmal möchte ich sagen, dass ich Unrecht hatte – in Bezug auf die Indianer und auf viele andere Dinge. Simon sagt, ich hätte mich auch in den Frauen an sich getäuscht. Und in einer ganz besonders – das sind Sie." Er hielt inne und sah sie an. „Ich muss klingen wie ein Verrückter."

Jane nickte. „Das stimmt. Vielleicht sollten *Sie* sich lieber setzen?"

Er setzte sich gehorsam und es folgte eine unangenehme Pause, bis er schwach lächelte. „Es ... ich weiß nicht recht, wo ich anfangen soll."

„Also", half Jane, „Sie wollten irgendetwas über Frauen sagen, glaube ich."

„Ja", sagte Elliot. „Es dauerte eine Weile, bis ich begriffen hatte, dass die Frauen, die ich vorher kannte", er deutete auf seinen Haken, „mich nie mehr ansehen würden, ohne auf dieses Ding zu starren. Aber Sie ... Sie sind anders."

„Danke, ja."

Elliot atmete tief durch. Er sah Jane mit solcher Verzweiflung an, dass sie ihre Hand auf seinen Arm legte - direkt über der Prothese. Sie sah ihn einfach nur an und in ihren Augen lag kein Mitleid, sondern nur Interesse. Und in diesem Moment wurde Elliot Leighton klar, dass er diese Frau liebte.

Er ergriff Janes Hand und küsste sie. „Was ich hier so ungeschickt auszudrücken versuche, Jane, ist Folgendes: Sie, du ... du scheinst dich nicht an meiner Behinderung zu stören."

„Nein, warum auch?" Ihr Herz schlug schneller, als Elliot ihre Hand immer noch nicht losließ.

„Findest du mich attraktiv?"

Jane lachte leise. „Ist im Mississippi Wasser?"

Elliot sah ihr tief in die Augen. „Jane, würdest du mit mir nach Washington gehen, wenn ich versuche, dort jemanden zum Zuhören zu bewegen? Wirst du mir helfen, den Dakota zu helfen? Und vor allem: Willst du meine Frau werden?"

„Will ich - was?" Miss Jane sah ihn verwirrt an.

„Du hast mich doch gehört, Jane", sagte Elliot ruhig. „Willst du meine Frau werden?" Schnell fuhr er fort: „Du findest mich nicht abstoßend. Wir haben ein gemeinsames Interesse an den Dakota. Wir passen gut zusammen. Niemand auf der ganzen Welt kann mich so verblüffen wie du! Und du brauchst keinen Ehemann, um zufrieden zu sein. Und das Wichtigste: Ich liebe dich!"

„Würden Sie das bitte wiederholen, Mr. Leighton?", sagte Miss Jane sanft.

„Was? Alles?"

„Nur den letzten Teil."

Er lehnte sich zu ihr hinüber und küsste wieder ihre Hand. „Ich liebe dich, Jane Williams." Er sah sie mit seinen warmen Augen an.

Miss Jane studierte sein Gesicht. „Wissen Sie, Mr. Leighton, ich war immer stolz darauf, auch ohne Mann glücklich und wichtig zu sein."

„Das stimmt ja auch", sagte er. „Aber ich denke, wir könnten zusammen noch weit mehr erreichen. Wie Simon und Geneviève."

Miss Jane sah ihn an. Das weiße Haar, der ausgeprägte Kiefer, die ernsten blaugrauen Augen. Sie gestattete ihrem Herz zwei Purzelbäume, bevor sie sagte: „Ich möchte nicht, dass die Leute glauben, ich hätte mich nach all den Jahren nun doch einem Mann an den Hals geworfen."

„Niemand, der dich kennt, würde das annehmen", grinste Elliot. „Komm mit mir nach New York. Dann kannst du immer noch Nein sagen, wenn du nicht willst."

„Also gut", sagte sie vorsichtig. „Ich nehme an. Wir fahren mit den Danes und sehen, was passiert." Dann grinste sie schelmisch. „Mir wäre es allerdings lieb, wenn du mich möglichst bald zu einer ehrbaren Frau machst, Elliot. Ich werde schließlich nicht jünger!"

26

Alles, was auf der Erde geschieht, hat seine von Gott bestimmte Zeit . . . Weinen und lachen, wehklagen und tanzen . . .
Prediger 3,1-4

„Sag mir nicht, dass ein Krieg bevorsteht, Avery!"

Elliot Leighton ließ seinen Prothesenhaken auf den Schreibtisch des Senators knallen.

Avery Lance blickte auf den Kratzer in dem polierten Walnussholz und rückte seine Krawatte zurecht. „Bitte, Elliot. Setz dich einfach und lass uns vernünftig miteinander reden."

„Ich habe den ganzen Herbst lang vernünftig geredet und nichts erreicht!", sagte Elliot, doch er setzte sich trotzdem.

„Ich habe hier ein Dokument", sagte Lance und tippte mit seinem Stift auf eine Akte. „Superintendent Thompson berichtet hier, dass die Sioux mit ihrem Reservat in Crow Creek ganz zufrieden sind und dass es nur Weiße sind, die an allem etwas auszusetzen haben."

„Der Kerl ist ein Lügner", sagte Elliot direkt. Er holte seine eigenen Unterlagen aus dem Mantel. „Agent Bolcombe schreibt, dass die gesamte Gruppe in Crow Creek noch dieses Jahr ausgelöscht sein wird, wenn sie nicht verlegt werden."

„Agent Bolcombes hysterische Berichte sind nicht besonders Vertrauen erweckend", sagte der Senator schnell.

Elliot lehnte sich vor. „Avery, das hier ist nicht recht. Und du weißt es. Wir waren Freunde an der Akademie. Du weißt, dass ich kein überdrehter Spinner bin!"

„Mir sind die Hände gebunden, Elliot", sagte Avery und hob entschuldigend die Arme. „Es tut mir Leid, aber ich kann nichts tun. Die Indianer verursachen im Westen immer noch viel Ärger und es ist schwer, Mitleid mit ihnen zu haben, wenn ich immer noch Berichte von Morden an unschuldigen weißen Siedlern höre."

„Das sind wenige isolierte Vorfälle, Avery. Sie haben nichts mit den Menschen in Crow Creek zu tun.“ Er legte seine Arme auf den Tisch. „Ich war dort, Avery. In Crow Creek sind nur harmlose alte Leute, Frauen und Kinder – zumindest hoffe ich, dass inzwischen überhaupt noch Kinder am Leben sind. Inzwischen sind sie wahrscheinlich alle tot.“

„Ach Elliot, du musst das jetzt nicht dramatisieren!“, sagte Avery pikiert. „Ich bin sicher, dass man etwas tun kann, aber das dauert seine Zeit. Du bist nicht der Einzige, der diese Dinge verbreitet, weißt du. Gouverneur Edmunds aus Dakota redet genauso.“

„Tja, und der Lohn für seine Mühen war, dass ihm verboten wurde, das Territorium der Indianer zu betreten oder weiter Verhandlungen mit ihnen zu führen“, sagte Leighton. „Avery, ich bin kein Idiot. Ich bin sehr gut informiert und ich lasse mich nicht einfach so wegschicken.“ Dann seufzte er und versuchte sich zu beruhigen. „Sorg zumindest dafür, dass sie Lebensmittel und einen Arzt hinschicken. Das ist doch sicher nicht zu viel verlangt!“

„Ich werde sehen, was sich tun lässt“, sagte Avery vage und erhob sich.

„Bin ich damit entlassen?“, fragte Elliot.

„Es tut mir Leid, Elliot, aber ich habe zu tun.“ Er seufzte dramatisch. „Du hast ja die Warteschlange draußen gesehen.“ Er legte Elliot eine Hand auf die Schulter. „Aber komm doch wieder und bring deine bezaubernde Frau mit. Louella gibt jeden Mittwochnachmittag einen Tee für die Ehegattinnen der Abgeordneten. Ich bin sicher, sie wäre entzückt, die neue Mrs. Leighton kennen zu lernen.“

Bevor ihm noch etwas zu sagen einfiel, fand sich Elliot auf dem Flur vor Averys Büro wieder. Tatsächlich warteten dort schon eine ganze Reihe Leute. Wahrscheinlich sollte er dankbar sein, dass Avery ihn überhaupt kurzfristig empfangen hatte. Doch das war er nicht.

„Was kann ich tun, Simon?“, fragte er einige Tage später beim Dessert im eleganten Esszimmer der Leightons. Er warf die Gabel beiseite und sprang auf. „Vielleicht hattest du damals in Crow Creek Recht. Wir hätten Büffelmond herbringen und sie dem Präsidenten vor die Füße legen sollen. Vielleicht brauchen wir solche drastischen Mittel." Er setzte sich wieder. „Wie läuft das Bibelprojekt?"

Simon nickte. „Recht gut. Im Frühjahr sollten wir mit dem Neuen Testament in Dakota nach Crow Creek zurückkehren können. Vielleicht auch noch mit den Sprichwörtern und einem Teil vom ersten Buch Mose." Er räusperte sich. „Es wird ein langer Winter werden. Ich wünschte, ich könnte zurück in den Westen. Gen übrigens auch. Das Stadtleben ist nichts für sie."

„Nun ja, vielleicht bekommen wir ja bald jemanden dazu, uns zuzuhören. Vielleicht teilt man den Dakota ein neues Reservat zu, wo sie tatsächlich überleben können."

Simon sah Elliot an. „Weißt du, jedes Mal, wenn ich dich ansehe, muss ich daran denken, was Gott in deinem Herzen für ein unglaubliches Wunder vollbracht hat."

Gen kam herunter, goss sich eine Tasse Kaffee ein und setzte sich neben ihren Mann. Simon grinste Elliot an. „Wunder, wo man hinsieht, Schwager. Wunder über Wunder!"

*

Im Winter 1864/1865 beugte Geneviève Dane ihren eigenen Willen dem ihres himmlischen Vaters und wurde mit einer liebevollen Familie und einem inneren Frieden belohnt, den sie niemals zu erleben erwartet hatte. Sie half Simon bei der Bearbeitung der Dakota-Bibel und versuchte sich mit dem Leben in New York zu arrangieren. Weder sie noch Elliot Leighton erwähnten jemals wieder das Skizzenbuch von Etienne LaCroix. Die Vergangenheit musste man ruhen lassen. Meist gelang ihr das, bis auf wenige Momente, wo sie von Hazelwood träumte und weinend erwachte. Dann stand sie auf und las in der Bibel, bis die Gegenwart die Vergangenheit wieder verdrängt hatte.

Die Kinder waren Simons und Gens ständige Freude – und Sorge! Mutter Leighton verwöhnte sie hemmungslos, sodass Meg und Hope schon begannen, die elterliche Autorität auszutesten. Und Aaron träumte von West Point. Gen und Simon diskutierten viele Nächte durch, um den Kindern gegenüber eine einheitliche Linie zu vertreten.

Wenn sie allein waren, weigerte sich Gen noch immer, sich wie eine „alte Ehefrau“ zu verhalten, und Simon lernte schnell, sich an der Frau seiner mittleren Jahre zu erfreuen. Manchmal ertappte Gen ihn dabei, wie er sie mit solcher Liebe ansah, dass es ihr beinahe das Herz brach.

*

Meg kam mit vor Aufregung leuchtendem Gesicht ins Wohnzimmer und verkündete: „Miss Burnside gibt eine Party!“

Mrs. Leighton nickte. „Die Burnsides veranstalten schon seit Generationen jedes Jahr im Januar ein solches Fest. Doch dieses Jahr ist Miss Burnside in Trauer.“ Sie schaute zu Gen und Jane, die auf dem Sofa saßen. „Ihr Bruder ist vor einigen Wochen in einem unwichtigen kleinen Gefecht ums Leben gekommen. Der einzige Sohn. Die Familie ist am Boden zerstört.“ Sie wandte sich an Meg. „Bist du sicher, dass sie die Party dieses Jahr tatsächlich geben? Das scheint mir doch kaum passend, unter diesen Umständen.“

Meg nickte enthusiastisch. „Doch! Sie hat gesagt, ihr Bruder James ist jetzt im Himmel und er hat Partys geliebt. Er würde nicht wollen, dass alle jetzt ein Jahr lang herumsitzen und traurige Gesichter machen.“

„Tatsächlich?“ Mrs. Leighton schüttelte den Kopf. „Also, diese modernen Ideen – ich weiß nicht!“

„Erzähl uns von der Party“, drängte Gen.

„Sie feiern in einer alten Scheune mit einer Million Kerzen, es muss ganz toll sein. Es gibt einen Tanzboden und wir können auf dem Teich Schlittschuh laufen, denn sie stellen überall Laternen auf. Es gibt ein großes Feuer und so viel zu essen, wie man will." Meg kicherte. „Miss Burnside hat eine lustige Geschichte erzählt! Alle Gäste mit Kleinkindern haben letztes Jahr die Kleinen zum Schlafen ins Heu in der Scheune gelegt. Jemand hat dann die Decken vertauscht und am nächsten Tag hatten dann alle fremde Babys mitgenommen! Weil es so stark schneite, konnten die Leute fast eine ganze Woche lang ihre Kinder nicht mehr umtauschen!" Meg musste wieder lachen.

„Das klingt nach einer wirklich guten Party", sagte Jane grinsend. „Aber ich glaube kaum, dass ihr Kakao auch nur halb so gut ist wie der von Betsy. Komm, kleine Miss Meg", sie hielt ihr die Hand hin, „lass uns welchen holen!"

Gen wandte sich an Mrs. Leighton. „Meinst du, Simon wird den Kindern erlauben, zu diesem Fest zu gehen?"

„Natürlich", sagte Mrs. Leighton. „Sie haben ja dieses Jahr keine kranke Mutter, um die sie sich Sorgen machen müssen. Und Simon ist ja auch nicht mehr so ... so steif wie früher. Er genießt das Leben mehr. Und diese Party ist wirklich ein Höhepunkt des neuen Jahres." Sie seufzte tief. „Ich nehme an, Millicent hat Recht – James würde wirklich wollen, dass sie stattfindet. Er war so ein netter Junge!"

Gen ging in die Bibliothek, um mit Simon über das Fest zu sprechen.

„Natürlich werden wir gehen!", sagte er. „Ich weiß noch, dass Ellen mir immer begeistert von dieser Party erzählt hat. Sie zünden eine wahres Kerzenmeer an und verwandeln das Grundstück damit in ein Wunderland." Er zog Gen an sich und küsste sie auf die Wange. „Und mit dir an meiner Seite werde ich den Neid jedes anwesenden Mannes erregen!"

Gen schob ihn spielerisch von sich. „Reverend Dane!", sagte sie. „Wo ist Ihr Anstand geblieben?"

„Ich kann mich nicht erinnern", grinste Simon. „Schon gar nicht, wenn das Sonnenlicht so auf deinem Haar schimmert wie jetzt."

„Anstand, Reverend", lächelte Gen und deutete auf die theologischen Bücher auf Simons Schreibtisch.

„Schönheit, Mrs. Dane!", gab er zurück und sah ihr hinterher, bis sich die Tür hinter ihr geschlossen hatte.

*

Den ganzen Tag sahen Meg und Aaron schon aus dem Fenster und betrachteten die endlose Reihe der Kutschen und Wagen, die nach Norden zum Grundstück der Burnsides fuhren. Meg klagte: „Wann brechen wir denn endlich auf? Wir verpassen ja die halbe Party!"

„Aber nein", beruhigte sie Mrs. Leighton. „Es wird erst richtig schön, wenn es dunkel ist und die Kerzen angezündet werden ..." Sie seufzte. „Mr. Leighton, Gott hab ihn selig, hat mir auf einem der Feste bei Burnsides seinen Heiratsantrag gemacht. Wie du siehst, geben die Burnsides schon sehr lange diese Party. Beinahe seit Noahs Zeiten!"

„Ach Großmutter!", lachte Meg und sah dann wieder aus dem Fenster. „Wo steckt Papa denn nur?"

„Er wird schon kommen", sagte Gen und stellte sich neben Meg ans Fenster. „Er hat versprochen, so schnell zurück zu sein wie möglich."

Als eine weitere Stunde ohne eine Spur von Simon vergangen war, schlug Gen vor: „Mrs. Leighton, wie wäre es, wenn ich mit Hope hier warte und ihr anderen fahrt schon einmal vor? Simon und ich können dann später nachkommen."

„Oh ja, geht das?", fragte Aaron hoffnungsvoll.

„Warum bist du denn so eifrig darauf bedacht, zur Party zu kommen?", zog Elliot ihn auf.

„Wegen Amanda Whitrock", sagte Meg.

„Sei still!", zischte Aaron.

„Amanda Whitrock", murmelte Elliot. „Ist das die bildhübsche Blonde, mit der ich dich gestern nach der Schule habe reden sehen?"

Aarons Wangen brannten. „Sie ist nicht blond, ihr Haar ist hellbraun. So bildhübsch ist sie auch nicht. Nur einfach hübsch."

Die Erwachsenen warfen sich viel sagende Blicke zu.

„Er macht sich Sorgen, weil Thomas Bannister auch bei der Party ist, der Amanda ebenfalls mag, und falls er nun eher da ist ...", plapperte Meg.

„Ich hab doch gesagt, du sollst still sein!", rief Aaron und stürmte aus dem Zimmer.

Es wurde beschlossen, dass Jane, Elliot, Mrs. Leighton und Aaron mit dem Buggy vorfahren sollten und Gen mit Meg und Hope auf Simon warten würde. Meg war zwar enttäuscht, beugte sich aber dem Willen ihrer Großmutter, dass sie Gen mit Hope helfen sollte. Sie setzte sich schicksalsergeben mit der Kleinen vor den Kamin und begann mit ihr einen Turm aus Bauklötzen zu errichten.

Gut zwei Stunden später war Simon immer noch nicht zurück. Gen sah Meg an, die die Tränen zurückdrängte, während sie unglücklich in die Dunkelheit starrte. Sie seufzte. „Zieh Hope warm an, Meg. Ich hole den Wagen und wir sehen mal nach, wo dein Vater bleibt."

In diesem Moment klingelte es an der Tür. Ein Bote brachte eine Nachricht von Simon: „Werde aufgehalten. Dringende Angelegenheiten. Fahrt schon mal vor, komme nach."

„Aber wir wissen doch gar nicht, wie wir dort hinkommen", protestierte Meg.

„Den Wagen nach zu urteilen, die schon den ganzen Tag in diese Richtung fahren, wird der Weg klar zu erkennen sein"; meinte Gen sorglos. „Ich spanne die Pferde an. Komm in fünf Minuten mit Hope nach unten, ja?"

27

Jetzt, im Augenblick der Not,
verbirg dich bitte nicht vor mir!
Hör mich doch jetzt,
ich schreie zu dir;
erhöre mich bald!
Psalm 102,3

Verirrt. Es war absurd, aber sie hatten sich verirrt. Sie, eine Halbblutindianerin, war nicht in der Lage, der Spur von Dutzenden von Wagen durch einen Wald zu folgen! Die Dunkelheit war keine Begründung dafür, auch nicht der Schnee, der immer noch in dichten Flocken fiel und die Spuren verwischte. Sie hatten die Brücke überquert und waren nach Norden abgebogen, wie Mutter Leighton gesagt hatte. Doch noch immer war weit und breit nichts zu sehen und Gen kamen Zweifel. Hätte sie vielleicht doch die rechte Abzweigung nehmen sollen? Sie mussten wohl oder übel zurückfahren.

Sie wendete den Wagen und kam bald an eine alte Brücke. War es dieselbe, über die sie gekommen waren? Gen war sich nicht sicher. Sie blickte auf das eisige Wasser und wurde noch unsicherer. Als ob sie ihre Zweifel spürten, zögerten die Pferde, als sie die ersten Planken betraten. Sie schnaubten nervös und wichen zurück.

„Was ist denn?", fragte Meg.

„Ich weiß nicht", sagte Gen und schüttelte den Kopf. „Vielleicht sollten wir lieber nicht über diese Brücke fahren."

„Aber das müssen wir doch, um zurückzukommen, oder?"

„Vielleicht warten wir lieber, bis Hilfe kommt", sagte Gen und ließ die Pferde noch etwas weiter rückwärts richten. Dann holte sie eine Decke hervor und legte sie um sich, Meg und Hope. „Dein Vater wird ja bald hier entlangkommen. Er weiß sicher, was zu tun ist." Sie lugte in die Dunkelheit und versuchte nicht zu zittern. „Lasst uns etwas singen!", sagte sie dann. „Erinnerst du dich noch an das alte Wiegenlied auf Dakota, das ich dir beigebracht habe?" Als Meg den Kopf schüttelte, sagte

Gen: „Dann singe ich es dir noch mal vor. Du solltest es kennen, wenn wir wieder in den Westen gehen."

„Ich will nicht wieder in den Westen", sagte Meg unvermittelt. „Mir gefällt es hier, wo es sicher ist und gute Schulen gibt."

Gen legte ihr einen Arm um die Schultern. „Aber Minnesota ist dein Zuhause."

„Ich fühle mich aber hier viel mehr zu Hause. An Minnesota erinnere ich mich kaum noch. Außer an St. Anthony natürlich, aber Vater sagt, wir gehen weiter in den Westen, zu den Indianern. Und wir werden in einer Blockhütte leben."

„Was ist denn gegen eine Blockhütte einzuwenden?"

„Nichts. Aber Großmutters Haus gefällt mir besser!"

„Mir ist kalt, Mama!", jammerte Hope und schmiegte sich enger an Gen.

Gen erschauderte und sah zu, wie der letzte rötliche Schimmer des Sonnenuntergangs einem undurchdringlichen Schwarz wich.

„Mir ist auch kalt", bibberte Meg.

Gen nickte. „Mir auch." Ihre Füße waren völlig taub. Sie starrte in die Dunkelheit und hoffte, irgendwo ein Licht zu sehen oder Stimmen zu hören. Weit konnten sie doch nicht von der alten Farm der Burnsides entfernt sein. Doch nichts rührte sich.

Schließlich nahm Gen die Peitsche auf und sagte: „Wir können nicht ewig hier warten, sonst erfrieren wir noch. Dein Vater wird anscheinend noch aufgehalten. Wir müssen selbst sehen, wie wir zurückkommen."

Sie stieg vom Bock und sah sich die Brücke genauer an. Das Bauwerk war total morsch und schnell wurde ihr klar, dass sie sie auf keinen Fall überqueren konnten. Gen sah zweifelnd auf den Fluss. Er schien nicht besonders tief zu sein und war kaum fünf Meter breit. Am besten fuhren sie einfach hindurch. Sie suchte eine flache Stelle zum Furten und fand auch schnell eine, die ihr geeignet schien. Auch die Pferde schienen nichts dagegen zu haben und gingen bereitwillig ins Wasser.

Doch dann trieb ein dicker Ast zwischen die Beine der Pferde. Daisy schnaubte nervös und begann zu tänzeln, dann sprangen die Pferde plötzlich ruckartig nach vorn. Gen schrie: „Haltet euch fest!“ und klammerte sich verzweifelt an die Zügel. Nach ein paar wilden Sprüngen beruhigten sich die Pferde wieder, doch Gens Erleichterung war nur von kurzer Dauer. Schnell musste sie feststellen, dass sie nun feststeckten – mitten im Fluss. Wie sehr sie die Pferde auch anfeuerte, sie konnten den Wagen nicht befreien. Je mehr sie sie antrieb, desto hektischer wurden die Pferde und der Wagen schwankte bedenklich. Hope und Meg begannen zu weinen. Das dunkle Wasser rauschte bedrohlich dicht an ihnen vorbei, und die Pferde stampften und schnaubten in Panik.

Gen stand auf und nahm die Decke von ihren Schultern. Sie band die Zügel am Wagensitz fest und befahl Meg, sich gut festzuhalten. Dann holte sie tief Luft und ließ sich vorsichtig zwischen den Hinterteilen der Pferde hinunter, bis sie unter Wasser mit dem Fuß auf die Deichsel stieß. Sie stellte sich darauf, hielt sich mit der linken Hand am Bock fest und mit der anderen an Daisys Hintergeschirr. Dann ließ sie den Wagen los, lehnte sich vor und begann unter Wasser nach Darbys Zugsträngen zu tasten und den Wallach auszuspannen. Sobald der Wallach frei war und Gen die Zügel losgebunden hatte, entfernte er sich vom Wagen und zog auf das gegenüberliegende Ufer zu. Dort angekommen schüttelte er sich und wieherte dann zu Daisy hinüber.

„Ho, Mädchen!“, rief Gen, als die Stute verzweifelt anzog, um dem Wallach zum Ufer zu folgen. „Ganz ruhig!“ Sie tätschelte das breite Hinterteil der Stute und zwang sich ruhig zu bleiben. Ihre Arme und Beine konnte sie kaum noch spüren und es war beinahe unmöglich, die Schnallen des Geschirrs aufzubekommen. *Bitte, Gott, hilf mir!*

„Setz Hope hierher“, sagte Gen zu Meg und deutete auf den Fußraum vor dem Kutschbock. Meg gehorchte, die Augen vor Angst weit aufgerissen.

Gen wickelte Hope in eine Decke. „Du bleibst schön hier sitzen, Hope. Meg wird jetzt auf dem großen Pferdchen da reiten und dann komme ich zurück und hole dich!“ Hope sah Gen mit ihren großen blauen Augen an und nickte. Gen wandte sich an Meg und drehte ihr den Rücken zu. „Komm, ich nehme dich Huckepack.“

Meg schüttelte unsicher den Kopf. „Ich bin zu schwer für dich!“

Gen ignorierte sie einfach. „Von meinem Rücken aus steigst du auf Daisys Rücken. Halt dich am besten gut am Selett fest. Wenn ich ausrutsche oder zurückfalle, bleibst du trotzdem auf ihr sitzen, ist das klar?“ Sie legte Meg eine eisige Hand an die Wange und sah ihr fest in die Augen. „Hast du mich verstanden? So, jetzt zieh dich hoch. Und mach dir keine Gedanken um mich, ich kann schwimmen.“ Sie drehte sich um und deutete auf ihren Rücken.

Zitternd vor Angst kletterte Meg auf Gens Rücken und schlang ihre Beine um Gens schlanke Taille. Gen holte tief Luft und umklammerte Megs Beine, dann stieß sie sich vom Wagen ab und kämpfte sich auf Daisy zu. Dabei rutschte sie aus und fiel seitlich gegen Daisys empfindliche Flanke. Doch die Stute bewegte sich nicht, sah nur nach hinten und schnaubte. Meg ergriff das Selett und zog sich auf Daisys breiten Rücken.

„Mama!“

Hope hatte sich aufgestellt und sprang vor dem Bock auf und ab. „Mama, Mama!“ Sie streckte die Arme nach Gen aus.

„Ich hole Hope und gebe sie dir. Sie soll sich mit dem Gesicht zu dir drehen und mit den Beinen deine Mitte umklammern“, erklärte Gen. „Dann legst du die Arme um sie und fasst vor euch beiden das Selett an. Wenn ich Daisy ausspanne, wird sie ziemlich schnell zum Ufer laufen. Ihr müsst euch gut festhalten!“

„Was ist mit dir?“, weinte Meg.

„Ich halte mich hier seitlich am Geschirr fest und lasse mich mitziehen. Mach dir keine Sorgen, das klappt schon.“ Gen biss sich auf die Lippen, damit man ihre Zähne nicht klappern hörte.

Gen arbeitete sich wieder zum Wagen zurück. Sie nahm Hope in ihre inzwischen völlig tauben Arme und drehte sich zu Meg um. „Fertig?“ Als Meg nickte, zählte Gen bis drei und ging los. Einmal rutschte sie aus und war nun auch noch völlig durchnässt. Die Kälte war eine einzige Qual. Mit klappernden Zähnen kämpfte Gen sich vorwärts, gab Hope an Meg und fummelte dann an den Schnallen des Geschirrs herum, um Daisy auszuspannen. Sie hatte keine Ahnung, wie sie mit ihren gefühllosen Fingern die Schnallen aufbekam, und erst, als sie sich wieder zum Kutschbock schob, um die Zügel loszubinden, merkte sie, dass ihre Hände bluteten.

„Los, Daisy! Lauf!“, rief Gen dem ebenfalls zitternden Pferd zu. Sofort trabte Daisy los. „Halt dich fest, Meg!“, schrie Gen und versuchte, sich an das Geschirr zu klammern. Zu ihrem Erstaunen war ihr jetzt nicht mehr kalt und es fühlte sich irgendwie angenehm an, im Wasser zu treiben.

In diesem Moment kam der Wagen frei. Er fiel polternd um und riss Gen mit sich. Als sie unter die Wasseroberfläche gezogen wurde, hörte sie noch, wie jemand ihren Namen rief.

28

Der Herr lässt die Seinen nicht untergehen, dafür ist ihm ihr Leben zu wertvoll.
Psalm 116,15

Simon stolperte mit der bewusstlosen Gen in den Armen ans Ufer. Er zitterte so stark, dass er sich kaum noch auf den Beinen halten konnte, doch irgendwie schaffte er es zurück zu den Pferden. Meg hielt Hope fest umklammert und beide Mädchen zitterten ebenfalls wie Espenlaub. Es war stockdunkel, nur eine schmale Mondsichel spendete etwas Licht, wenn sie hinter den Wolken hervorkam. Simon kniete sich in den Schnee, versuchte Gen so gut wie möglich zu wärmen und betete um Weisheit.

Mit einer fast übermenschlichen Anstrengung schaffte er es, Gen in den Sattel zu hieven. Mit seinem Gürtel band er sie am Sattelhorn fest.

„Kannst du euch beide auf Daisy halten?“, fragte er Meg.

„Ich g-g-glaube schon“, klapperte Meg und begann wieder zu weinen.

„Meg, ich weiß, dir ist kalt. Aber du musst mir und Gen jetzt helfen, sonst wird sie sehr, sehr krank. Halte Hope gut fest. Wir werden so schnell reiten, wie es geht. Wir brauchen unbedingt Hilfe.“ Er kletterte hinter Gens leblosem Körper in den Sattel und trieb sein Pferd an, doch als sie antrabten, schrie Meg: „Papa, ich - kann - mich - nicht - halten!“

Also musste Simon sich damit abfinden, in einem elend langsamen Tempo zurückzureiten. Er spürte, wie sein Hemd und seine Hose zu einem Eisblock froren, doch er machte weiter. Nach einer Weile fror er nicht mehr. Überhaupt spürte er kaum noch etwas; er ritt einfach immer weiter auf die alte Farm der Burnsides zu.

Nach einer halben Ewigkeit sah er Lichter vor sich. Er konnte Musik und Lachen hören. Es erforderte den letzten Rest von Selbstbeherrschung, sein Pferd nicht in den Galopp zu treiben. Endlich erreichten sie die Lichtung. Stimmen riefen durcheinander, Hände griffen nach ihm und Gen. Jemand holte Decken und erstaunlicherweise war auch Dr. Merrill da und erteilte Anweisungen.

„Meine Mädchen ...“ krächzte er schwach.

„ ... sind in guten Händen, Reverend“, sagte der Doktor. „Wir kümmern uns um sie. Trinken Sie das!“ Er hielt ihm eine Flasche an die eisigen Lippen. Simon schluckte und hustete. Brandy.

Das Letzte, was er bewusst wahrnahm, war der seltsame Anblick von Gens schwarzem Haar, das mit weißem Eis überzogen war.

*

Gen wachte mit einem Schrei auf: „Die Mädchen!“

„Schschsch, den Mädchen geht es gut!“

Gen rieb sich die Augen, die irgendwie nicht scharf sehen wollten.

„Gott sei Dank, du bist wach“, sagte die Stimme und Gen erkannte sie als Janes. Einen Moment lang dachte sie, Jane und sie seien immer noch Gefangene der Indianer.

„Wo ... wo sind wir?“, murmelte sie.

„Ihr hattet einen Unfall“, sagte Miss Jane und nahm ihre Hand. „Weißt du nicht mehr? Du hast versucht den Fluss zu überqueren und der Wagen ist umgekippt.“

Gen runzelte die Stirn und fasste sich an die Schläfe.

„Zwölf Stiche. Darum tut dein Kopf so weh“, erklärte Jane. „Ruh dich ruhig aus. Für Fragen ist nachher immer noch genug Zeit.“

Erschöpft gehorchte Gen und schlief sofort wieder ein. Als sie das nächste Mal aufwachte, erkannte sie, dass sie in Ellens Mädchenzimmer lag. Niemand war zu sehen, aber auf dem Nachttisch stand eine ganze Apotheke an Medikamenten. Sie befühlte ihre Schläfe; der Kopfschmerz war nicht mehr so schlimm.

Die Tür ging auf und Simon kam herein. Sein Gesicht war aschfahl, aber als er sah, dass sie wach war, lächelte er strahlend. „Guten Morgen!"

„Was ... was ist mit den Mädchen?"

„Es geht ihnen gut. Ein bisschen erkältet, aber das ist alles. Nichts Ernstes."

Gen blinzelte. „Ich weiß noch, dass ich ins Wasser gefallen bin. Dann hat jemand meinen Namen gerufen. Warst du das?"

Simon setzte sich auf das Bett und nickte. „Ich konnte es kaum glauben, als ich eure Wagenspuren fand, die vom Weg abwichen. Die Brücke, auf die ihr zugefahren wart, war schon völlig verrottet, als ich Ellen den Hof machte!" Er strich ihr das Haar aus dem Gesicht. „Ein Glück, dass ihr nicht darauf gefahren seid! Du warst sehr mutig, Gen. Du hast die Mädchen gerettet."

„Ich war dumm!", sagte sie schnell. „Ich hätte einfach warten sollen, bis Hilfe kam!"

„Ich hätte genau dasselbe getan wie du", sagte Simon. „Daisy und Darby sind so zuverlässig. Du konntest ja nicht ahnen, was passieren würde."

Simon bekam einen Hustenanfall und Gen wollte besorgt aufspringen. Doch er winkte ab. „Es ist nur eine Erkältung. Der Doktor ist ganz erstaunt, wie gut es mir geht. Ich auch! Jeder hat angenommen, dass mir das den Rest geben würde. Aber da haben wir uns wohl alle getäuscht!" Er stand auf und lächelte Gen an. „Jetzt musst du nur schnell gesund werden. Leider wirst du wohl eine kleine Narbe zurückbehalten. Du kannst dir nicht vorstellen, wie viel Blut ..." Er hielt inne. „Nun, wie auch immer."

Bald konnte Meg wieder in die Schule gehen und Hope fühlte sich gut genug, um ihre kleinen Wutanfälle auszuleben. Das Leben kehrte zum Normalzustand zurück. Nur Simons leichter, aber hartnäckiger Husten wollte einfach nicht verschwinden.

*

Simon hustete und hustete. Alle Medikamente, die Dr. Merrill verschrieb, schienen nichts zu nützen. Sie suchten verschiedene Spezialisten auf, die alle nichts tun konnten. Doch während Simon darauf beharrte, dass es nicht so schlimm sei, stellte Gen immer neue Anzeichen dafür fest, dass es doch schlimm war. Simon schlief morgens immer länger und hatte große Schwierigkeiten, sich überhaupt aus dem Bett zu erheben. Statt wie sonst zu Fuß zur Kirche zu gehen, fuhr er mit den anderen im Wagen. Er war extrem kurzatmig; selbst die Treppe zu seinem Zimmer schaffte er nur unter Keuchen und Husten. Immer wieder bekam er Fieberschübe. Dann legte er sich ein paar Tage hin, erklärte sich danach für gesund und ging seinen Tätigkeiten nach.

Erst als er eine ganze Woche mit hohem Fieber ans Bett gefesselt war, gab er zu, dass etwas nicht stimmte. Dann begann er auch noch Blut zu husten und Gen holte gegen seinen Willen Dr. Merrill.

Als der Arzt aus Simons Zimmer kam, sah er die anderen an und schüttelte nur den Kopf. „Schwere Lungenentzündung."

Gen sah Elliot und Jane an, dann den Arzt. „Wie lange noch?"

„Schwer zu sagen", gab der Doktor zurück.

„Monate? Wochen? Tage?"

„Wochen, würde ich sagen. Aber ich kann mich auch täuschen. Er ist ein sehr entschlossener Mann. Er kämpft schon lange dagegen an und hat oft gewonnen."

Als der Arzt fort war, brach Gen auf dem Sofa zusammen. „Warum habe ich nicht einfach auf ihn gewartet? Warum musste ich unbedingt allein losfahren?"

„Hör auf", sagte Jane. „Es war nicht dein Fehler. Simon ist schon seit Monaten krank und hat seinen Körper immer schlecht behandelt. Das wissen wir alle." Sie rüttelte Gen sanft. „Jetzt kümmere dich um ihn. Elliot und ich sehen nach den Kindern."

Nun begann eine ganz eigene Zeit. Simon war zu schwach, um aufzustehen. Mrs. Leighton wollte eine Krankenpflegerin einstellen, doch Gen lehnte das ab. Sie pflegte ihren Mann selbst und voller Hingabe.

„Geneviève."

Gen schrak noch und eilte zu Simons Bett. Sie ergriff seine Hand. „Hier bin ich, Liebster!" Sie legte ihm die Hand auf die Stirn. Sie war kühl – vielleicht war das Fieber gesunken?

„Wie viel Uhr ist es?"

„Ich weiß nicht. Aber die Sonne ist noch nicht aufgegangen."

„Komm, setz dich zu mir."

Gen setzte sich vorsichtig auf die Bettkante. Simon öffnete die Augen nicht, lächelte aber ein wenig. „Mach eine Lampe an, damit ich dich sehen kann, ja?"

Gen tat, was er wollte, und setzte sich dann wieder zu ihm.

„Ich verdiene deine Liebe nicht", sagte er ernst und eine Träne stahl sich aus seinem Augenwinkel.

„Unsinn", sagte Gen und wischte ihm zärtlich die Träne ab.

„Wasser", krächzte Simon. „Bitte, ich brauche etwas zu trinken."

Gen holte ihm ein Glas Wasser. Nach ein paar Schlucken lehnte er sich seufzend wieder zurück. „Ich liebe dich, Geneviève. Aber ich bin selbstsüchtig gewesen." Keuchend deutete er auf den Nachttisch. „Untere Schublade. Ein Buch. Bring es her."

Gen erkannte das Skizzenbuch sofort wieder. Sie brachte es zum Bett.

„Schlag es auf", sagte er. „Dann siehst du, was für einen Egoisten du geheiratet hast."

Gen blätterte gehorsam in dem Buch, bevor sie Simon wieder ansah. „Ich verstehe nicht ganz, warum das Skizzenbuch meines Vaters ein Zeugnis für deine Selbstsucht sein soll", sagte sie.

Er rang nach Luft. „Hilf mir, mich aufzusetzen."

Sie tat es und er umklammerte ihre Hand. „Dich in meinem Leben zu haben war eine solche Freude", begann er. „Manchmal hatte ich fast Angst, dass alles nur ein wunderschöner Traum war, aus dem ich eines Tages aufwachen würde. Du hast mich so glücklich gemacht, Gen!" Er sah zur Decke. „Ich ... ich wollte dich für mich haben, Gen. Er hat mir gesagt, dass ich es tun soll, und ich habe mir eingeredet, dass es das Beste so sei. Aber ..."

„Simon, jetzt hör auf zu reden, als wärst du schon tot!"

Er sah sie an, die Augen voller Emotionen. „Ach Geneviève, wir sollten uns nichts vormachen. Es hilft doch nichts, ich werde sterben und wir beide wissen es." Die Worte sprudelten jetzt hervor wie Wasser aus einem gebrochenen Damm. „Daniel Leuchtender Stern ist nicht in Mankato gehängt worden, Gen. Elliot und ich haben ihn letzten Winter in Fort Ridgely getroffen. Er ... er hat mir das Buch gegeben. Und er sagte, ich solle vergessen, dass ich ihn gesehen habe." Er warf Gen einen verstohlenen Blick zu. „Ich wollte dich so sehr, Gen, und die Kinder brauchten dich. Aber vor allem brauchte ich dich!" Er begann zu weinen und Gen hielt seine Hand ganz fest. „Ich ... ich habe dir das Wissen vorenthalten, dass er noch am Leben ist. Und ich will nicht mit dieser Last vor Gott treten."

Das Bedauern in Simons Gesicht ließ Gens Herz vor Liebe zu ihm schmelzen. „Nicht", sagte sie leise und beugte sich zu ihm. Sie nahm sein Gesicht mit der pergamentenen Haut in beide Hände. „Sieh mich an, Liebster!" Als er ihr endlich in die Augen sah, sagte sie: „Ich habe es die ganze Zeit gewusst."

Er starrte sie ungläubig an.

„Als es dir in St. Anthony so schlecht ging, habe ich das Skizzenbuch in deiner Satteltasche gefunden. Ich wusste, dass es nur eine Möglichkeit gab, wie du es bekommen haben konntest. Elliot hat es mir dann bestätigt."

„Elliot hat es dir gesagt?"

Gen nickte. „Ich habe ihn gezwungen." Sie sah die Frage in Simons Augen und nickte. „Ja, ich wusste, dass er am Leben ist. Ja, ich habe dich trotzdem geheiratet. Und dich lieben gelernt. Und ich würde es wieder so machen und dich noch mehr lieben, wenn ich könnte." Sie küsste ihn auf die Wange, das Kinn, den Mund. „Du bist ein guter Ehemann, Simon. Ein guter Vater. Ein guter Mann. Und ich will nicht, dass du mich verlässt. Bitte tu es nicht!"

„Kannst du mir vergeben?"

„Was denn?", fragte sie sanft. „Dass du mich beschützen wolltest? Dass du getan hast, was Daniel wollte?" Sie lehnte den Kopf an seine Schulter. „Zwei wunderbare Männer haben mich geliebt. Es gibt nichts zu vergeben. Ich liebe dich, Simon."

Sie blieb bei ihm sitzen, bis er eingeschlafen war. Dann zog sie sich auf den Sessel am Fenster zurück und blätterte in dem Skizzenbuch.

Sie musste eingenickt sein, als ein Stöhnen von Simon sie aufschrecken ließ. Diesmal lief ihm der Schweiß in Strömen das Gesicht hinunter. Schnell feuchtete Gen ein Tuch an und kühlte ihn damit. „Simon!", sagte sie. „Kannst du mich hören?"

Zu ihrer Erleichterung nickte er. „Ja. Ich bin so froh ..."

Eine Stunde später wachte er wieder auf und sagte: „Ich brauche Elliot hier." Gen stand auf und wollte ihm eine neue Kompresse anfeuchten. „Nein, bitte. Hol Elliot. Ich muss ihn sofort sprechen. Allein!"

„Ich hole ihn", sagte Gen und eilte nach unten.

„Ich komme sofort", sagte Elliot, nachdem sie an die Tür der beiden geklopft hatte. Tatsächlich kam er so schnell heraus, dass Gen sich fragte, ob er wohl vollkommen bekleidet geschlafen hatte.

„Allein, Gen", sagte Simon beinahe streng, als sie Elliot in sein Zimmer führte.

Gen ging zögernd hinaus. Dann setzte sie sich auf die oberste Treppenstufe und wartete.

Nach einigen Minuten kam Elliot wieder heraus. „Wir brauchen noch eine Weile", sagte er. „Leg dich doch so lange hin." Damit verschwand er in seinem Zimmer und kam bald mit Tinte, Papier und einer Feder zurück.

Gen nickte nur schwach und ging in ihr Zimmer.

*

Simon hob den Kopf vom Kissen und röchelte: „Versprich mir, dass du es tun wirst, Elliot. Schwöre es auf Gottes Wort!"

Elliot sah ihn an. „Du hast mein Wort darauf."

Simon starrte ihm einen Moment lang in die Augen und ließ sich dann wieder zurücksinken. „Danke, Elliot. Du bist mir ein wahrer Bruder geworden."

Einige Tage später saß Gen mit Jane im Wohnzimmer und wartete darauf, dass Dr. Merrill aus Simons Zimmer kam. Schließlich trat er heraus, doch sein Gesichtsausdruck versprach nicht das, was die Frauen hören wollten.

„Aber letzte Woche sagten Sie doch, er hätte das Schlimmste überstanden!", sagte Gen mit zittriger Stimme. Jane legte ihr tröstend die Hand auf den Arm.

„Ich weiß", sagte der Arzt und kratzte sich verlegen den Bart. „Ich habe mich getäuscht. Sein Allgemeinzustand ist so schlecht, dass ihn die kleinste Infektion aus der Bahn werfen würde. Und das hier ist weit mehr als nur eine kleine Infektion." Er seufzte. „Vielleicht täusche ich mich; Willenskraft kann manchmal Wunder vollbringen. Aber ich habe schon Menschen an geringeren Krankheiten sterben sehen. Leben und Tod stehen in Gottes Hand, Mrs. Dane. Ich werde alles tun, was in meiner Macht liegt." Damit ging er zur Tür.

Gen eilte zu Simon, der ruhig dalag. „Was sagt er?", fragte er, ohne die Augen zu öffnen.

„Dass es immer Hoffnung gibt", antwortete Gen.

Nach einem Augenblick flüsterte Simon: „Ich habe keine Angst vor dem Sterben, Gen. Ich hatte ein gutes Leben und Gott kennt den besten Zeitpunkt, um mich heimzuholen. Und wenn es jetzt ist, dann ist es eben so. Obwohl ich natürlich schon allein der Kinder wegen gern noch bleiben würde."

„Bleib für mich!", bat Gen. „Bitte bleib bei mir."

„Ich bin müde, Gen", sagte er und döste auch schon ein. Zumindest dachte Gen das, bis sie bemerkte, dass er halb bewusstlos war. Seine Haut fühlte sich klamm an.

In den nächsten Tagen hatte Simon immer wieder lichte Momente, in denen er alle mit seinem scharfen Verstand und seiner lückenlosen Erinnerung an die Vergangenheit überraschte. Er rezitierte Psalmen und machte Gen Vorschläge für ihre Zukunftsgestaltung, die er sie aufzuschreiben nötigte, obwohl sie sich dagegen sträubte.

Er wolle, dass die Kinder in New York aufwuchsen, sagte er. Die Schulen waren besser, das Leben sicherer. „Sie lieben Jane und Elliot, nicht wahr?", fragte der Gen.

„Natürlich. Sie sind fast wie doppelte Eltern für sie."

Simon beklagte sich über Konzentrationsschwierigkeiten. „Ich kann mich nicht länger als eine Minute konzentrieren!", sagte er. „Und ich habe mich noch nie so müde gefühlt!"

Wenn das Fieber wieder in ihm wütete, fing er an zu halluzinieren. Eines Nachts versuchte er aufzustehen und ein imaginäres Pferd zu besteigen. „Ich muss zu Cloudman, Gen - sie wollen, dass ich Himmelsauge und Leuchtender Stern verheirate! Sie warten auf mich ... lass mich!"

Gen brauchte eine ganze Weile, um ihn zu beruhigen. Danach sank sie zitternd in einen Stuhl.

Eines Morgens wollte er wissen, welcher Tag eigentlich war. „Sonntag", sagte Gen und erklärte ihm, dass die Kinder mit Jane und Elliot zur Kirche gegangen waren.

„Ah", nickte Simon zufrieden. „Ich glaube, dass Gott mich heute holt, Gen! Im Grunde hoffe ich sogar, dass er es tut."

Am Abend veränderte sich Simons Atmung. Dr. Merrill wurde gerufen und hatte kaum einen Blick auf Simon geworfen, als er bereits sagte: „Die Schlacht wird bald vorüber sein. Wenn die Kinder ihn noch einmal sehen wollen ..."

Sie wollten. Meg und Aaron küssten und umarmten ihren Vater und Hope rief: „Papa, Papa!", und versuchte, auf sein Bett zu klettern.

Aaron nahm sie auf den Arm. „Papa schläft, Hope."

„Gute Nacht, Papa!", sagte sie fröhlich und winkte, als Aaron sie hinaustrug.

Als Gen ihre Hand auf Megs rotes Haar legte und sie streichelte, fragte die Kleine: „Meinst du, dass Mama ihn am Himmelstor abholt?"

„Ich weiß nicht genau, aber ich könnte es mir gut vorstellen", sagte Gen.

Meg küsste ihren Vater auf die Wange und flüsterte: „Grüß bitte Mama von mir, Vater. Sag ihr, dass es uns bei Großmutter gut geht!"

Am Abend konnte Simon ein paar Schlucke Tee zu sich nehmen. Gen ging kurz hinaus, um die Kinder ins Bett zu bringen. Als sie zurückkam, war er tot.

„Er hat die Augen geöffnet", sagte Jane, die bei ihm geblieben war, „rief einmal ‚Ellen!', dann hat er ganz tief durchgeatmet und ... das war alles."

Das war alles, echote es in Gens Kopf. *War das alles, Herr? Ist mein Leben jetzt vorbei oder hast du noch etwas anderes mit mir im Sinn?*

Sie zog sich die schwarzen Sachen an, die Mrs. Leighton für schicklich hielt, und verschleierte ihr Gesicht. Die Gottesdienste am Sonntag waren die einzigen Gelegenheiten, bei denen sie das Haus verließ.

*

Nicht lange nach Simons Beerdigung reiste Elliot Leighton nach Washington. Er schrieb regelmäßig und legte einmal den Bericht des neuen Agenten in Crow Creek bei, der die Bedingungen dort beschrieb:

Für eine Population von 1.043 Indianern (900 davon Frauen) stehen nur zwei Milchkühe und 17 Wagen, die meisten davon in erbärmlichem Zustand, zur Verfügung. Beim Hauptgebäude fehlt das Dach. Alle Zäune sind baufällig. Der Boden wurde nur unvollständig gepflügt, weil weder Zugtiere noch brauchbare Ackergeräte zur Verfügung stehen. Von 170 Ochsenjochen sind nur 30 benutzbar. Das Wasserreservoir leckt. Die gesamte Kartoffelernte wurde von Heuschrecken vernichtet. Die meisten Indianer leben immer noch in Stoffzelten, die sie vor zwei Jahren aus Minnesota mitgebracht haben.

„Ich werde keine Zeit haben, nach New York zurückzukommen, bevor wir mit einer Kommission in den Westen reisen, um die Zustände dort aus erster Hand zu überprüfen“, schrieb Elliot. *„Endlich hört Avery mir zu! Vielleicht können wir jetzt etwas erreichen.“*

Als Jane den Brief beim Abendessen laut vorlas, war Gen fast ein wenig neidisch auf Elliot, weil er in den Westen zurückkonnte. Männer hatten ein ganz anderes Leben als Frauen. Sie sah missmutig auf ihr schwarzes Kleid hinunter und betete um Geduld. Der Garten war ihre einzige Zuflucht in diesen Tagen und sie arbeitete stundenlang mit Mrs. Leighton darin – sie pflanzten einen neuen Wein an die Fassade des Hauses, dünnten Johannisbeersträucher aus und taten tausend andere Dinge, um die Pflanzen zum Wachsen zu bringen.

Jeden Nachmittag, wenn Hope ihren Mittagsschlaf hielt, ging Gen zum Friedhof und setzte sich auf die Bank neben den Gräbern von Simon und Ellen Dane. Irgendwie konnte sie das Gefühl nicht loswerden, dass sie auf etwas wartete – ein Ereignis oder eine Verlautbarung, die ihrem Dasein als Witwe plötzlich eine ganz neue Wendung und Bedeutung geben würde. Sie fühlte sich ein wenig wie die Marionetten, die sie mit den Kindern bei einer Ausstellung bestaunt hatte.

Sobald der Boden es zuließ, begannen sie damit, Megs eigenes kleines Gartenstück anzulegen. Jeden Abend brüteten Meg und ihre Großmutter über den Plänen dafür und legten sich schließlich auf ein L-förmiges Stück im hinteren Teil des Gartens fest. Meg war von der Idee begeistert, einen kleinen Teich anzulegen. „Und Rosen!“, sagte sie zu Gen. „Ein Busch für jedes Familienmitglied. Welche Farbe möchtest du?“

Gen hatte keine Ahnung. „Ich kenne mich mit Rosen nicht so aus, Meg. Entscheide du, es sieht bestimmt wunderschön aus.“

Aaron half dabei, das neue Gartenstück umzugraben, und Meg und Hope sammelten die Steine aus der Erde und machten daraus die Begrenzung.

„Großmutter sagt, dass Mama rote Rosen geliebt hat. Also

bekommen Mama und Papa rote Rosen. Wir Kinder haben rosafarbene und Onkel Elliot und Tante Jane gelbe", erklärte Meg eifrig und blickte dann Gen an. „Und Großmutter und du, ihr bekommt weiße!"

Gen schluckte, ließ sich aber nichts anmerken. „Und Hope?"

„Na, auch Rosa - sie ist doch eine von uns."

Als die Rosenbüsche gepflanzt waren, saß Gen noch eine Weile im Garten. Sie sah mit Stolz, dass der von ihr gepflanzte Wein gehorsam an seinem Gestell emporrankte. Sie musste an den wilden Wein denken, der an Janes Haus gewuchert war, sodass man kaum noch etwas davon sehen konnte. Auf der Missionsstation in Minnesota ...

Sie schloss die Augen und schwelgte in Erinnerungen. Doch das tat auch sehr weh. Sie würde am besten mit niemandem darüber sprechen. Sie würde mit dem zufrieden sein, was sie hatte. Sie war eine verwitwete Mutter von drei adoptierten Kindern.

Seufzend stand sie auf und ging hinein. Bald würde es Sommer werden und in Minnesota würde wieder schreckliche Trockenheit herrschen. Das Leben dort war ein einziges Chaos. Sie sollte wirklich froh sein, dass sie in New York lebte.

Aber sie war nicht froh ...

29

So hoch der Himmel über der Erde ist, so weit reichen meine Gedanken hinaus über alles, was ihr euch ausdenkt, und so weit übertreffen meine Möglichkeiten alles, was ihr für möglich haltet.
Jesaja 55,9

„In Bezug auf meine Kinder, Aaron Riggs Dane und Margaret Marie Dane, sowie meine adoptierte Tochter Hope Ellen Dane, ist es mein letzter Wille, dass sie der Fürsorge von Mr. und Mrs. Elliot Stephen Leighton unterstellt werden, die ihre gesetzlichen Erziehungsberechtigten sein und für ihre Ausbildung in New York sorgen sollen."

Gens dunkle Augen weiteten sich. Sie sah Elliot und Jane an, doch diese erwiderten ihren Blick nicht. Sie waren nicht überrascht. Auch Mrs. Leighton wirkte nicht verwundert und selbst Aaron schaute Gen nicht an. Er stand mit den Händen in den Taschen hinter Elliot.

Die Stimme des Notars redete weiter, doch Gen hörte nichts mehr, nachdem ihr der Mittelpunkt ihrer Welt entrissen worden war. Sie starrte auf ihre Hände und war fest entschlossen, zumindest nicht in Tränen auszubrechen. *Warum, Simon?*, dachte sie. *Was habe ich denn verbrochen?*

Gen ging ihre Vergangenheit durch. Irgendetwas musste doch vorgefallen sein, um Simon zu so einer Entscheidung zu bringen! Wenn sie sich doch nur erinnern könnte, was es war! Simon war nicht einfach bösartig. Er musste einen guten Grund gehabt haben, ihr die Kinder wegzunehmen. Aber welchen?

Elliots Hand berührte ihren Arm. „Gen!"

Sie blinzelte und sah ihn an. Er hielt ihr einen Umschlag hin. Gen sah sich um und stellte fest, dass alle anderen den Raum bereits verlassen hatten.

„Hier, das ist von Simon. Es tut mir Leid, dass es so lange gedauert hat. Wenn du diesen Brief gelesen hast, wirst du verstehen", sagte Elliot.

Meine geliebte Frau,

wenn du diese Zeilen liest, bedeutet das, dass Elliot Erfolg gehabt hat auf seiner Mission, zu der ich ihn losgeschickt habe. Du weißt sicher noch, dass ich einmal allein mit ihm sprechen wollte.

Ich würde dir gern zum Abschied noch etwas Poetisches schreiben, etwas Schönes als Erinnerung. Bitte vergib mir, dass ich nicht mehr die Kraft aufbringe, alles zu schreiben, was in meinem Herzen ist. Ich liebe dich. Du hast mir alles Glück geschenkt, das ein Mann sich nur wünschen kann. Und nun möchte ich dir das Einzige zurückgeben, was mir möglich ist, um dir zu zeigen, wie sehr ich dich liebe.

Elliot hatte den Auftrag, Daniel Leuchtender Stern zu suchen. Wenn er dir diesen Brief gegeben hat, heißt das, dass er ihn gefunden hat.

Gen atmete tief durch und musste wieder mit den Tränen kämpfen. Deshalb hatte er die Kinder an Elliot und Jane gegeben – damit Gen frei war. Aber sie würde das nicht zulassen, niemals. Stirnrunzelnd sah sie zu Jane.

„Ich weiß, was du denkst", sagte Jane. „Lies einfach weiter und sag nichts, bis du den Brief zu Ende gelesen hast."

Du kannst nicht gleichzeitig die Mutter meiner Kinder und die Gefährtin von Leuchtender Stern sein. Die Gesellschaft würde das nicht tolerieren. Sie würden die Kinder mit Vorurteilen und Hass überschütten. Bitte verzeih mir den Schmerz, den dir das verursachen muss. Wenn du das hier liest, haben Elliot und Jane bereits mit den Kindern gesprochen. Meine Anweisung war, dass Elliot das Wissen um Daniels Aufenthaltsort für sich behält, sollten Aaron und Meg mit einer Trennung von dir nicht einverstanden sein. Doch da du diesen Brief in Händen hältst, haben sie offensichtlich zugestimmt, dass du zu Daniel gehen solltest. Es wird ihnen hier in New York gut gehen - sie werden eine sehr gute Ausbildung und eine wunderbare Zukunft haben. Elliot hat mir versprochen, dass ihr euch oft gegenseitig besuchen werdet.

Ich habe dich von ganzem Herzen geliebt - ebenso wie Ellen und doch ganz anders. Ich denke, du hast mich ebenso geliebt - mit allen Fasern deines Herzens, die nicht bereits Daniel gehörten. Ellen und ich sind jetzt wieder vereint. Und ich möchte, dass es für Daniel und dich genauso ist.

Eines Tages, liebe Geneviève, wirst du für deine selbstlose Hingabe an mich reich belohnt werden.

Bis wir uns wieder sehen ...

Dein Simon

Gen ließ den Brief sinken. Sie zitterte am ganzen Körper. „Wie ... wie kann das sein?“ Sie schaute von Jane zu Elliot. „Ich kann das nicht ... ich kann doch die Kinder nicht verlassen. Ich liebe sie so sehr!“

„Natürlich liebst du sie“, sagte Jane. „Und sie lieben dich. Aber sie wollen nicht wieder zurück nach Minnesota gehen. Doch du gehörst dorthin!“

Gen stand auf und sah aus dem Fenster. „Das ist so ... so seltsam!“ Sie sah kopfschüttelnd zu Elliot. „Warum hat er dich zu Daniel geschickt, Elliot? Warum?“

„Ist es so schwer zu glauben, dass er es einfach aus Liebe zu dir gemacht hat?“, fragte Jane. „Meinst du, du bist die Einzige, die zu selbstloser Liebe fähig ist?“

„Natürlich nicht, das meinte ich auch gar nicht“, gab Gen zurück.

„Deine Gefühle sind in Aufruhr - das ist ja auch kein Wunder!“, sagte Jane. „Mach einen schönen Spaziergang und denke über alles nach. Wir warten dann auf dich.“ Sie holte etwas aus Elliots Manteltasche. „Und unterwegs kannst du das hier auspacken.“ Sie gab Gen ein kleines Päckchen und schob sie dann aus der Tür.

Es war ein wunderschöner Frühlingstag. Gen wanderte zum Friedhof und setzte sich auf die vertraute Bank vor Ellens und Simons Grab. *Oh Herr, was soll ich nur tun*?

Sie packte das kleine Papiertäschchen aus und starrte ungläubig auf das kleine Metallkreuz, das darin war. Sie konnte Daniel vor sich sehen – das glänzende schwarze Haar, das bestickte Hemd ... und dieses Kreuz um seinen Hals.

Das eiserne Tor des Friedhofs quietschte in den Angeln und sie sah Aaron auf sich zukommen. Schweigend setzte er sich neben sie auf die Bank. Nach einer Weile sagte er: „Wir warten drüben auf dich."

Gen seufzte und drehte Daniels Halskette in den Händen. „Kennst du die hier noch?"

Aaron nickte.

„Ich habe sie abgenommen, als ich deinen Vater geheiratet habe. Schließlich habe ich sie sogar weggeworfen. Ich wollte die Vergangenheit loswerden und unbelastet in die Zukunft gehen. Und glücklich sein."

„Aber du bist nicht glücklich hier", sagte Aaron und in seinen dunklen Augen lag viel mehr Verständnis, als es sein Alter vermuten lassen würde. „Du willst uns nicht im Stich lassen und du willst das Richtige tun. Aber glücklich bist du nicht!"

„Du auch nicht. Wir sind alle traurig, weil es eine traurige Zeit für uns ist."

Aaron schüttelte den Kopf. „Ich meinte nicht Vaters Tod. Bei dir ist es etwas anderes. Vater hat zu mir gesagt, dass ich sehr erwachsen geworden sei, seit ich mit ihm in Crow Creek war. Er meinte, ich hätte ein großes Einfühlungsvermögen in andere Menschen." Er sah auf seine Schuhe herab. „Vielleicht hat er Recht."

Gen legte einen Arm um seine Schulter. „Natürlich hatte er Recht. Du wirst ihn sehr stolz machen mit dem, was du für andere Menschen tun wirst."

„Lass mich bei dir anfangen", sagte er und räusperte sich. „Wir möchten, dass du da hingehst, wo du zu Hause bist. Wir werden dich oft besuchen. Es ist ja kein Abschied für immer.

Ich werde nächstes Jahr auf die Militärakademie gehen. Und Meg liebt Tante Jane über alles. Sie wird ganz glücklich sein mit ihrem Rosengarten und ihrer Großmutter. Und Hope ..."

„Hope wird mich vergessen", sagte Gen und ihre Stimme brach. „Sie ist noch so klein."

„Wir werden schon dafür sorgen, dass sie dich nicht vergisst", sagte Aaron. Plötzlich sprang er auf und umarmte Gen fest. „Du gehörst nach Minnesota, zu Leuchtender Stern. Vater wollte, dass du hingehst, und wir wollen auch, dass du glücklich wirst!" Als Gen nichts sagte, nahm er die Halskette und streifte sie ihr über. „Du hast mir immer gesagt, dass man tun muss, was Gott will. Und ich denke, dass Gott möchte, dass ich eines Tages als Vermittler zwischen Indianern und Weißen in den Westen gehe." Er sah Gen direkt in die Augen und sein Blick war voller Mut und Ehrlichkeit. „Mir scheint, dass Gott sich für dich und Daniel ziemlich viel Mühe gegeben hat. Wie kannst du da Nein sagen? Wirst du wenigstens darüber nachdenken?"

Gen nickte. „Aber ich weiß nicht, ob ich das kann ..."

„Vater ist jetzt glücklich, Gen. Er ist wieder mit Mutter zusammen. Und du solltest mit Daniel zusammen sein. Du lässt uns nicht im Stich! Es gefällt uns hier nämlich richtig gut. Und wir wollen, dass du glücklich bist!" Er fuhr sich mit beiden Händen durch die Haare.

Gen schüttelte den Kopf. „Das hat dein Vater auch immer gemacht - obwohl er nicht mehr so viele Haare übrig hatte." Sie lächelte. „Begleitest du mich zurück?"

Arm in Arm gingen sie nach Hause.

*

Er war nicht bereit. Daniel Leuchtender Stern wischte sich den Schweiß von der Stirn und blinzelte zu dem Wagen hinüber, der den Weg von Fort Ridgely heraufkam.

„Erwartest du jemanden?", fragte Jeb Grant neckend und warf einen Arm voll Mais auf die Ladefläche des Erntewagens.

Dann starrte er neugierig in Richtung des ankommenden Wagens.

Daniel geriet beinahe in Panik. Er sah an sich hinunter - verschwitztes Hemd, staubige Hose. Hilflos fuhr er sich mit den Händen durch sein viel zu langes Haar. Er hatte einfach keine Zeit gehabt, es vernünftig schneiden zu lassen. Sein neues Blockhaus und die Ernte hatten ihn völlig in Anspruch genommen.

Als der Wagen näher kam und er die kleine Gestalt auf dem Bock sah, die einen weißen Sonnenschirm hielt, wäre er am liebsten weggerannt. Da stand er nun, stinkend und schwitzend wie ein Maultier, und ihr Anblick verschlug ihm beinahe den Atem. Doch statt kopfüber im Maisfeld zu verschwinden, trat er auf den Weg hinaus.

Die zierliche Gestalt schirmte sich mit einer Hand die Augen ab, dann sagte sie etwas zu dem Fahrer und er hielt das Gespann an. Sie warf den Schirm einfach weg, sprang vom Wagen und begann auf ihn zuzurennen. Er fühlte sich wie in diesem Traum, den er vor langer Zeit gehabt hatte. Und dann war sie in seinen Armen und schaute ihn mit diesen unglaublichen blauen Augen an und flüsterte seinen Namen auf Dakota.

Er zeichnete mit dem Finger ihre Augenbrauen nach, strich über ihren Haaransatz und die Wangen. „Diese Augen sind mir überallhin gefolgt - wie ich es in dieser Nacht gesagt habe, damals, auf der Veranda vor Miss Janes Haus." Er drückte sie an sich und dann mussten sie beide weinen. Sie hielten sich ganz fest.

Daniel sah zu seiner neuen Blockhütte hinüber. Sie war klein, bisher nur zwei Räume. Aber er hatte Pläne für die Zukunft. Die Frau in seinen Armen und eines Tages vielleicht ein Sohn. Oder eine kleine Tochter mit glänzendem schwarzem Haar und blauen Augen ...

Daniel sah Gen an und strich ihr die Haare aus der Stirn. Dann flüsterte er leise auf Dakota: „*Wastecidaka* ... ich liebe dich!" Und als er sie küsste, war es genau wie in seinem Traum; als ob die vergangenen drei Jahre nicht existiert hätten; als ob sie nie getrennt gewesen wären.